高职院校心理健康教育研究

◎冯琳玲 刘昌录 刘阳 著

湘潭大学出版社
XIANGTAN UNIVERSITY PRESS

前 言

近年来,大学生心理问题日益严重,给高职院校心理健康教育工作带来了极大的挑战,怎样做好新时代学生心理健康教育工作,是一项重要而艰巨的任务。与普通高等院校相比,高职院校在心理健康教育工作上存在较为严重的滞后情况,需要通过加强多方面的工作来为学生创造更加良好的心理健康教育条件。有针对性地研究高职院校心理健康教育工作的思路和方法,对于高职院校心理健康教育工作的顺利开展具有重要意义。

如何从理论体系构建和实践操作上指导高职院校加强开展心理健康教育工作,健全完善心理健康教育工作体系,是当今高职院校心理健康教育面临的一个重要课题。鉴于此,作者撰写了《高职院校心理健康教育研究》一书。

本书包括概述、课程教学、实践活动、团体心理辅导、心理咨询、心理危机预防与干预、心理普查与测评、队伍建设、平台建设、评估激励共十章内容,从理论和实践上阐述了高职院校心理健康教育的各方面工作。全书内容丰富,根据作者多年的一线工作实践经验,从理论和实践上介绍了高职院校心理健康教育工作的重点和难点,具有实用性和可操作性的特点,供高职院校心理健康教育工作者借鉴。

本书在撰写的过程中参阅了大量有关大学生心理健康方面的文献,同时也引用了许多专家和学者的研究成果,在此表示最诚挚的谢意!但由于时间仓促,且编者能力有限,错误和不当之处在所难免,敬请广大读者提出宝贵意见,以便本书日后的修改与完善。

目 录

第一章 高职大学生心理健康概述

第一节 高职大学生常见的不健康心理及形成原因

一、高职大学生常见的不健康心理

(一)部分高职大学生存在逆反心理

逆反心理在高职大学生成长过程的不同阶段都有可能发生,并且有多种表现。所谓逆反心理在心理学上指客观环境与主体需要不相符时产生的一种心理活动。高职大学生的年龄在15岁到18岁之间,正处于成人前期。虽然他们的身体和认知能力有了很大的发展,但心理不够成熟、部分学生做事容易冲动、个性较强。他们的世界观、人生观、价值观虽初步形成,但心理承受能力和调节能力较弱。

1.个性强

高职大学生年龄普遍偏小、心智很不成熟、个性比较鲜明、自我意识强,且易以自我为中心,他们较独立,不喜欢依赖别人。部分个性较强的同学容易产生逆反心理,而这种逆反心理的实质可能是自我表现的方式。很多班主任常常不明白这些个性较强的学生的心理,认为他们是一群不听话、不服管教的问题学生。其实班主任只要多了解一下这些学生的内心,找出产生这种心理的原因,相信许多问题都会迎刃而解。

2.脾气大

部分学生不仅在思想上要求自由,自我意识较强,遇到事情情绪波动比较大,容易发脾气,而且在行动上还具有反抗性,常常以“暴力”的形式表现出来。比如教师让他们做作业,他们非但不听,还发脾气,用顶嘴或破坏物品等形式表示反抗。有时班主任找他们谈心,他们也不能平心静气地交流,甚至还曲解班主任的好意。这也是典型的逆反心理的表现。针对这些脾气大的学生，班主任要学会用不同的方法对待，不能“以暴制暴”，需要长时间慢慢引导。因为这些脾气大的学生想与班主任进行良好的沟通，不喜欢被批评，如果硬碰硬不但解决不了问题，而且起不到教育的作用。

3.排外性

有些学生有着很强的排外性，他们喜欢独处，不喜欢集体生活，性格上有点孤僻。他们喜欢沉浸在自己的世界里，不喜欢被外界打扰，对外界的人和事比较冷漠。比如和他们说话，他们也是爱答不理、冷眼旁观的。这类比较排外的学生也有着很强的逆反心理，班主任很难与这些学生真正地沟通交流和深入他们的内心世界，学生对班主任老师也是不信任的。这类学生的逆反心理一旦形成就不会轻易改变。

（二）部分高职大学生心理不成熟、缺乏自信

高职大学生仍处在青年期，部分学生习惯以自己的标准去要求他人，无视人际关系，以自我为中心，有人际沟通障碍。有些学生自我认知不足，对完美主义者的矛盾认知、对错误放大化的关注、对自身极高的标准容错率，导致人际关系紧张、不允许自己失败、无法接受不完美的自己、挫败感高于常人、抗挫折能力极低，以至于某件事的失败会导致其出现负面情绪甚至被击垮。身体的成熟与心理的不成熟加上用脑的频繁性和复杂性，使部分学生丧失了自我认同感，一旦遇到他人的否定与指责就很容易消磨掉他们的自信心。

（三）部分高职大学生存在自卑心理与物质攀比

高职大学生中不乏一些家庭条件优越的学生，也有需要申请助学贷款才能完成学业的学生。高职院校的住校制度按班级、学号、性别划分宿舍，混合式的住宿会让家庭条件较差的学生与家庭条件优越的学生共处一室，物质攀比的现象仍旧存在。高职院校很多是省内招生，很多学生来自不发达地区，群体间文化差异和生长环境的不同，使其难以融入宿舍群体，倘若没有良好的能力处理人际关系，就容易产生心理疾病。除此之外，高职教育有时会被贴上“差生教育”的标签，社会偏见也会让一些就读高职院校的学生存在“低人一等”的心理，加上一些辅导员及任课教师有意无意地带有偏见的语言，加剧了高职大学生的失落感，愈发让他们自卑、敏感与焦虑。

(四)部分高职大学生易受环境因素影响引发心理波动和冲突

部分大学生所处的心理阶段决定了高职大学生的心理问题主要集中在成长过程中的困惑与冲突,这些困惑与冲突在很大程度上是基于大学校园这一特定环境而引发的。从外向性上来看,高职大学生心理健康问题具体表现为以下几个方面。

1.自我判断失调

自我判断失调即同一性矛盾,在他们身上往往出现较为矛盾的自我评价,有时觉得自己能力很强,可以完成很多事情;有时又觉得自己一无是处,什么都做不好。

2.情绪控制障碍

情绪不稳定、波动起伏较大、处事情绪化,容易陷入大喜大悲的情绪中。

3.人际交往压力

交友圈子封闭,逃避社交,不能融入别人的话题圈,在热闹场合感到孤独;在人际交往中缺乏技巧,遇事易冲动,易引发冲突。

4.适应能力差

环境的变化会引发压迫感,不能顺利地融入周围环境。

5.恋爱心理困惑

不能理性看待两性关系,恋爱中的一点小问题都会引起情绪的激烈变化。

6.就业、择业困扰

对前途过度担忧以至于不能做好当下的事情,自信心不足,过分否定自我,遇到挫折易产生情绪上的波动。

二、高职大学生心理特征的形成原因

(一)社会环境的影响

现在社会环境复杂多变,随着科技的发展,互联网越来越发达,人们受社会发展与环境变化的影响也越来越大。面对复杂的环境,学生会感到新鲜刺激,但一部分学生对此缺乏理智的判断,无法分辨好坏,只是一股脑地接受。尤其一些不良的媒体内容腐蚀和迷惑着部分高职大学生的心理，导致他们渐渐多疑、偏执、冷漠，甚至是不合群。当现实社会与他们这种张扬的个性产生冲突时，逆反心理就极易形成。这就是社会大环境对高职大学生心理特征的影响。

（二）学校教育的影响

一些高职院校属于自筹经费的民办院校，教师待遇较低，要配备一定数量的专业且专职的心理咨询师难度很大，大多数院校会培训辅导员，让辅导员兼心理健康咨询师的工作。但辅导员有大量的班级事务需要完成，难以及时追踪学生的心理健康情况，即便出现有心理问题的学生，辅导员也难以抛开繁重的行政事务进行全面的干预，帮助学生解决心理上的问题。

（三）家庭环境的影响

有些高职大学生来自单亲家庭，他们在一个不完整的家庭中长大，这对他们的心理或多或少地造成了影响。有些学生为此产生了很强的自卑心理，而为了掩饰这种自卑他们就把自己伪装得很强大，这是寻求一种自我保护的方式。而这种方式使他们变得不合群，比较自我，极易导致逆反心理产生。还有一些学生的父母长年在外工作，把孩子交给爷爷奶奶抚养，而爷爷奶奶对他们的溺爱，使他们没有任何束缚，一旦到了管理严格的学校，有了束缚，他们就极易产生逆反心理。学生心理特征的形成受不和谐的家庭氛围的影响，比如父母的分歧、争吵不休，让他们长期处于这种矛盾、紧张、焦虑、不安的环境中，导致他们早早地学会封闭自我，内心孤独。学生心理特征的形成还受父母过高的期望和简单粗暴的教育方式的影响，每个家长都“望子成龙”“望女成凤”，对孩子有着很高的期望，希望孩子样样第一，却忽视了孩子的兴趣和能力，不懂孩子内心真正的需要，当内心需要长期得不到满足时，一些孩子就容易产生逆反心理。因此孩子的健康成长离不开良好的环境，而家庭环境尤为重要，为孩子创造一个健康、正常、温暖的环境才是对他们成长成才最有利的。

（四）学生自身心理因素的影响

部分学生从初中进入高职院校，心理也在发生着较大的变化，他们把自己当成一个大人，比较有自我意识，好奇心也强，大人越不允许的他们就越想做。而有的班主任却把他们当成小学生看待，处处管制他们，这就使学生产生抵触心理，久而久之就产生逆反心理，到了一定的时候会通过某件事而爆发出来。所以有的班主任会遇到这样的问题，有的学生平时很听话，让他做什么就做什么，怎么一下子就发起脾气来呢？这是由于这些班主任平时忽视了学生的心理，其实这个学生本来就有着很强的个性，先前只是忍着，现在积累到一定程度终于爆发了。

（五）学生认识问题偏差的影响

人对外界的认知是慢慢成熟起来的，高职大学生心理不成熟，社会经验又不足，对问题不能公正、客观、全面地进行评价，缺乏正确的判断力，对外界多是抱怨和批评，久而久之容易出现极端。

心理冲突问题是现实困境的投影，而现实困境很大程度源于学生对社会化认识的不足，主要包括以下两个方面。

1.认知社会化不足

认知社会化不足即个体对自我和外界环境的认知不清晰，没能随社会环境的改变而及时更新。

其一，走出了以往中学阶段那种评价标准——单一且明确的应试教育体系，学生初入大学这个小社会，不可避免地产生一种茫然感，这种茫然感首先是源于对自我认识不清、目标模糊，不清楚自己想要什么、想要成为什么样的人、通过哪些努力可以达到目标，甚至出现同一性矛盾，或是眼高手低、盲目自信，或是“自卑到尘埃里”，这两种极端的自我认知很容易诱发焦虑、抑郁的心理问题。

其二，从高中过渡到大学，环境相对宽松、评价标准多元化，导致学生产生无所适从、飘忽不定的感觉。有的学生规则意识淡薄、行为无边界，在大学虚度光阴；有的学生则继续小心翼翼，承担了很多无谓的压力。不管是内窥过程中的自我期望模糊，还是外探过程中的适应压力，都会引发大学生的心理问题。

2.行为社会化不足

行为社会化不足主要是认知社会化不足在具体行为上的反应，而个体的具体行为主要是由其所扮演的社会角色决定的。首先是朋辈之间的关系。不少高职大学生沟通能力欠缺，在与同学、朋友交往时遇到冲突和矛盾倾向于采取冷战或者暴力这种极端的方式，导致问题愈演愈烈，轻者会愤怒感积累、失眠加重，重者甚至可能威胁生命安全。其次是恋人之间的关系。恋爱关系本身是现实的，但有的学生看待恋爱关系过于感性化和理想化，比如有的学生渴求恋爱但“爱而不得”，陷入自我否定的恶性循环中；有的学生在恋爱关系中把握不好尺度，过多的控制欲或者卑微感会使恋爱关系失衡甚至破碎；有的学生在恋爱关系中一旦出现冲突就采取冷暴力，从而使矛盾激化。再次是家庭关系。父母的过度干涉、过分忽略、孩子的不被理解或是将家长间的冲突转嫁到孩子身上，都极易引发学生的心理危机。最后是与外界的社会关系。这层关系在毕业生面临就业时表现得异常突出，有的毕业生在找工作时会有社交恐惧障碍，不知如何和对方沟通，从而产生焦虑心理，而这很大程度上是源于职业准备不足及社会化意识的不充分。

第二节 高职大学生心理健康的筛查与标准

一、高职大学生基本心理健康素养的筛查与分析

（一）高职大学心理健康状况筛查得出的总体现状

高职大学新生面临离家独立生活、集体宿舍住宿等一系列环境和生活习惯的转变，部分学生还会面临跨地域之后亟待适应地方气候及饮食文化、风俗习惯等问题。据某地区高职院校对大学新生心理健康水平的调研，2019级大学新生的强迫症状、焦虑、恐怖、精神病性这几个因子明显高于全国常模，总均分比全国常模略高。这些数据激起整个社会对高职大学生心理健康问题的关注的同时，也在提醒我们，学生有出现个体化现象的可能性，分数与实际情况是否完全一致，需要进一步思考，而不能“一刀切”。

（二）高职大学生心理健康常用筛查方法

在高职大学生心理健康教育的工作中，我们往往会对新生入学时的心理健康水平进行重点关注，通过一定的心理状况测评手段，将新生心理健康程度大致划分，判断出所需重点关注的新生人群，并借用此数据为新生心理健康建档，为这一群体在之后可能出现的行为表现做大致预判。由于需要在不影响新生日常生活的状况下，快速筛查，勾勒出一个大致的心理健康状况群像，因此，大多数情况下会采用自评量表或调查问卷测评，使用最多的

量表为症状自评量表、焦虑自评量表、抑郁自评量表和生活事件量表。通过明尼苏达多项人格测验量表、卡特尔16项个性因素量表,以及艾森克个性问卷进行筛选甄别,综合评定学生实际表现,决定心理状态划分。

(三)高职大学生心理健康常用筛查方法的弊端

新入学的高职大学生,应用基础自评量表或部分调查问卷的心理评测作为主要筛查工具,虽然可以给到我们一个心理亚健康状态或中重度心理问题的群体名单,但量表结果大多以分数高低来表达其可能的实际心理状态。通过这些单一的标准化分数我们只能浅显了解到他可能的外在表象,盲目去推测其可能存在的问题,实际上不能否认学生个体化情况的存在,如其测试结果焦虑抑郁得分比较高,这一结果表明学生可能会有抑郁或者焦虑倾向,实际上,通过对同班、同宿舍同学了解及本人沟通后,综合评判,发现学生可能并未出现上述我们猜想的这些症状或少部分出现了比猜想的症状更为严重的状况。还有的学生出现结果分数一切正常,但屡屡出现偏差的行为,造成了教学秩序混乱,对部分学生的日常生活造成了极大困扰。这一分数与实际表现出现的非一致性,可能是学生对问卷调查及心理测评的方式抵触,没有认真对待随机填入选项,造成结果偏差。也不排除新生对测评结果莫名恐慌,在问卷中选择偏向心理健康选项的内容,美化结果。心理测评的标准化分数本是我们判断学生的心理健康状态的参考,但在学生工作的实际操作中,往往会仅依靠标准化分数,放弃调取该学生的学籍档案了解其基础信息,加上学生的外在表现与测评结果的不一致,作为校方也往往难以进行贴身观察,对学生出现的各种表现和出现这些表现的根本性原因,无从知晓。使实际需要进一步面谈或量表评估学生的工作产生了巨大的阻力。学生往往可能会因迫于其他同学议论的压力、自我心理状态的恐慌而抵触心理健康帮助。如此校方无法全面了解该生的实际心理情况,更无从谈起为其提供针对性的精准化帮助。

二、现阶段高职大学生心理健康标准

(一)保持积极且可控的情绪

高职大学生应该正确处理各种因素导致的负面情绪,能察觉到自己正在被负面情绪所影响,并努力摆脱负面情绪,懂得利用正面情绪来强化动机。积极的情绪应该多于消极的情绪，主导的心境应是平和、乐观、愉悦的。有自制力与意志力，能控制自己的行为，为实现目标而采取行动，停止或减少无益行为，不做伤害他人和自己的事情。

积极的心理及情绪主要表现为以下几个方面：

1.开放的自我接纳的心态

自我接纳是对自己的一种肯定，能接受自己的优点、接纳自己的缺点，即能坦然面对现实。自我接纳包括悦纳自己，即能接受自己身体、性格或能力等方面的正向价值，也包括接纳自己身体、能力等方面的缺陷。能在面对真实自己的过程中不断提高自己的认知，能以积极的心态面对自己及社会的人和事，能接受不同观念的人和事。

2.积极乐观的生活态度

乐观是人的一种品格，是长期生活过程中形成的对自己的一种释放，不论生活中的成功或失败，都能及时总结原因并沉稳应对。乐观的生活态度能使学生将生活中的挫折、消极体验等转变为暂时影响因素，把生活中的成功及积极体验归结为人格的影响。乐观是一种精神面貌，有利于高职大学生缓解压力、有利于高职大学生在逆境中成长，进而形成健康心理。

3.主体情绪的积极性

情绪是影响人生活的关键因素，积极情绪常与愉悦的体验相关。但是人的情绪是由积极及消极两方面组成的，相关研究显示，一个高效的团队主要凭借其高积极率取得成功。在高效团队中，积极情绪与消极情绪的比例大概为6∶1，而一个低效团队中的积极情绪与消极情绪的比例大概为1∶1。积极情绪是基于积极心理学背景下高职大学生心理健康的主要标准之一，积极情绪能拓展高职大学生的思维和行动，能帮助高职大学生取得成功，获得成就感。

4.生活的希望和意义

希望是逆境中支持一个人坚持的特定情绪，当高职大学生对未来充满希望时，他身体的精神力量能帮助其有效应对暂时的压力和不幸。教师在对高职大学生进行心理健康教育时，只有将其培养成为对未来充满希望的个体，才能使其获得希望和意义，使高职大学生形成完善的人格，进而体验生活的幸福感。

5. 充满爱和共情力

共情力主要是能站在他人的角度思考问题，能认同他人、接受他人的意见，并能与他人达成共鸣。基于积极学视角的心理健康的人，在对自我进行高度接纳的基础上，能接纳周围的人，并在了解自己情绪的基础上了解其他人的情绪，对他人进行关爱。

6. 良好的人际关系和安全感

安全感是人对身体或心理出现危机时的一种感受，心理健康的人能对这种危机进行控制，不会对他人产生敌意，不会猜忌他人、漠视他人。心理健康的人的人际关系是协调的、和谐的，因为人是社会属性的人，需要生活在各种人际关系中。当高职大学生拥有良好的人际关系时，就可以对他人产生信任、依赖、忠诚等情感，比较有安全感。

（二）拥有良好的道德观念

良好的道德观念应是符合社会主流的道德观念。我国是以社会主义核心价值观为引领，心理健康的高职大学生，应当践行并内化社会主义核心价值观，爱国爱党，懂得尊重他人，具备同理心与同情心，有美德、有操守。

（三）提高自身的学习素养

高职大学生应具备碎片化学习的意识与能力。在完成学业方面，心理健康的高职大学生应该朝气蓬勃、锐意进取，对自己的大学生活有较高的自我管理意识和较为清晰的人生规划；能以积极的心态参与学习、社团、社会实践、实习等活动，渴望表现自己积极向上的一面；能克服惰性，主动培养自己对学习的兴趣，探索学习方法，进行自主学习与自我激励；能应对学业压力与挫败感并进行改善；能坚定信心、突破自我，增强意志力与执行力，正确面对生活中遇到的困难。在生理学角度，能集中并保持注意力、记忆力以满足学业要求，能规律作息，保证足够的睡眠时间与好的睡眠质量，思维敏捷、思路清晰，有较强的逻辑思维能力，精力充沛，正常完成学业。

（四）建立健康的社交

在社交不断网络化的时代，高职大学生应妥善处理网络社交与现实社交的关系，清醒、理智地看待网络社交，不在网络社交的伪装与虚拟中迷失自己，不沉迷成瘾，少接触与传播负能量。加强现实社交，对与他人关系中自己所处的位置有准确把握，能客观了解他人、关心他人，并对其进行诚心地赞美和善意的批评。积极地沟通，并保持自身人格的完整性。

第三节 高职大学生心理健康的问题

一、高职大学生心理健康的问题

（一）高职大学生普遍就业压力大

因就业产生的心理问题，是职业院校学生的主要心理问题。而且，不同年级的就业压力不同，尤其在大学三年级压力最大。一些大学三年级学生求职遇挫，造成失眠、焦虑等心理问题；有一些学生因求职失败而自暴自弃，逃避社会现实；还有一些学生因缺乏自信心、缺乏对工作的客观认识，产生了严重的自卑心理。究其原因，一方面是职业院校的社会地位所导致的，当今社会对职业院校具有一定的偏见，对学生的心理健康和职业发展产生了负面影响；另一方面是社会环境所导致的，职业院校学生求职就业竞争力较低，随着经济形势下滑，就业压力不断加大，企业用工需求缩减，加剧了学生的心理压力。

（二）高职大学生的学风问题

高职大学生学习成绩相对较差，很多学生抱着"混"的心态，对学习抵触、抱有得过且过的心理。有些学生出现了厌学、没有自己的学业规划、没有明确的学习目标、没有形成良好的学习习惯等情况，这些都是"畸形"的学习现象，学生的学习心理问题较大。这主要根源于高职院校社会地位不高，在录取批次中处于最后，还存在单独招生入学或注册入学的情况。因此，学生的生源质量相对不高，导致了学风问题一直是高职院校的"难题"。

（三）高职大学生人际交往能力欠缺

人际交往方面主要表现在学生自视甚低，不愿意主动进行人际交往，内心敏感甚至自卑。这主要是因为学生以自我为中心的心态。另外，部分学生觉得在高职院校念书是一件丢人的事，因此会产生自卑心理。如果不加以引导，很容易造成心理失衡现象，引发嫉妒、愤恨、人际关系破裂等问题。

（四）部分高职大学生因贫富差距导致心理失衡

当前，“赶新潮”和“攀比”等现象在学生中也有存在。一些家庭贫困的学生，要承受经济困难的心理压力，容易产生心理问题。通过观察这些贫困学生的行为，发现他们存在一定的社交逃避心理，更喜欢“独来独往”。

二、高职大学生基本心理健康素养的问题及对策

（一）高职大学生基本心理健康素养的问题

1.高职大学生心理健康知识获取不均衡

来自城镇地区学生的心理健康知识的知晓情况明显优于来自农村地区的学生，非贫困生的心理健康知识的知晓情况优于贫困生。农村地区的学生获取心理健康知识大多通过父母、教师、朋友和书籍等，但由于经济基础、父母文化程度、教学内容、教师水平或医疗水平低，造成农村地区的学生少有机会获取科学专业的心理健康知识。再者，女生心理健康知识的知晓情况优于男生，近几年性别文化等带来了对女生的差异性关注，高职院校常利用女生节、妇女节等开展女生心理健康宣教活动，而忽视了男生在心理健康知识方面的需求。因此，在做好全体普适性知识科普的同时，需要加强分类关注，重视不同学生的心理健康知识获取情况。

2.高职大学生对心理健康认识不足

很多高职大学生不能正确地认识心理健康这个名词，甚至对心理咨询也是敬而远之。部分高职大学生认为如果自己被诊断出有心理问题，是一件难以启齿的事情。没有心理健康知识的引导，会导致这类高职大学生隐藏自身存在的问题。还有部分高职大学生在得知自己的心理问题后，不能及时地接受心理治疗或者对心理治疗存在抗拒。而这些面对心理问题的态度都不利于高职大学生尽早解决心理问题。在高职院校中还存在一类现象，即普通学生对于接受过心理咨询的学生过分关注，导致接受心理咨询的学生压力增大，产生不良效果，这也表明高职大学生群体对于心理健康知识的缺乏。在现在这个快节奏的社会，每个人或多或少都会有些心理失衡的情况，及时发现并积极解决是对待心理健康问题的正确态度，反之如果对心理健康认识不足很有可能会引发更严重的心理疾病。

3.高职大学生心理健康自助及助人水平需提高

与本科院校学生不同,高职大学生在人际交往上更外向,亲社会性更强,但由于心理健康知识储备、应对危机的实际技能不够,即使拥有较高的心理健康意识却不能有效地自助与助人。再者,部分高职大学生由于处在敏感的青春期,且缺乏对网络信息的甄别能力,对帮助他人有意愿但也有畏惧。因此,在做好日常心理健康教育活动的同时,相比提升心理健康意识的目标,传播心理健康知识与技能显得更为迫切。

(二)基本心理健康素养提升策略

1.凝聚多方力量,全员提升基本心理健康素养

全员助力:高职大学生基本心理健康素养的提升需要校内校外、上层下层、教师朋辈等力量的相互结合,形成"专家—领导—教师—朋辈"合力,才能在提升基本心理健康素养过程中,达到内外融通、上下一心、师生共进的育人效果。首先,挖掘、争取校外精神专科医院、其他优质高职院校资源,邀请医生、教育专家等入校或开设线上线下课堂,充分发挥其在危机预防与干预、家长沟通与科普、师生宣教等方面的重要作用。其次,通过各种汇报、总结、反馈等机会,传播重要会议精神与素养现状,使领导、师生思想达成一致,逐步转变心理健康工作理念,注重提升全员的基本心理健康素养,尤其是心理健康知识与技能的普及。最后,充分发挥心理委员、心理宣讲员和寝室信息员等朋辈在心理健康知识普及时的重要作用,带领他们将知识与技能融入普通学生的文化活动、日常交往、课业学习中,同时不断提升自身的自助与助人能力。

全员参与:通过调查发现,学生在知识与技能方面的差异需要我们在日常的心理健康宣教过程中做好课堂、日常时的普适性教育,更需要针对男生、贫困生等开展针对性的重点分类科普与体验活动。同时,考虑到贫困生的自卑心较强、自我获得感较弱等特点,设计更具亲和力、趣味性的技能互动活动,增强宣教效果。

2.融合多个课堂,全方位提升基本心理健康素养

提升基本心理健康素养的工作从实质上而言属于思想政治教育工作的重要内容,因此,基本心理健康素养的全面提升需结合本校思政工作平台,

创新开拓载体与项目。以温州职业技术学院为例,学校在施行基本心理健康素养提升的行动中,融通以“心理健康教育课程”为第一课堂、以“心理健康教育活动”为第二课堂和以“心理健康教育服务”为第三课堂,将三个课堂的教育教学以不同形式纳入人才培养方案,在第一课堂开设线上线下素养知识专题课程内容,在第二课堂开展对应第一课堂知识的体验活动,在第三课堂强化助人自助服务、全方位提升本校学生的基本心理健康素养。

途径全方位:依据全面提升学生基本心理健康素养的目标,对心理健康教育课程的教学目标进行修整,结合专业前沿的科学知识与学生知识薄弱点,对课程结构与内容进行重构,依据不同高职大学生的特点,实施更具互动性、体验感、信息化的教学策略和教学方法;拍摄或制作学生喜闻乐见的科普宣传视频,挖掘网络阵地的强大力量,通过公众号、网站、微博等发布好声音、好活动、好文章。

内容全方位:通过调查发现,学生对心理疾病的预防等方面知识较缺乏,对一些如惊恐障碍、疑病症等疾病的认识较少,同时对疾病的认知大多仍停留在知晓的初步阶段,对具体的疾病症状、预防干预等基本不详,且易受网络片面信息的干扰。因此,可以分专题、分模块进行宣教活动,制作手册、科普作品等,将一些常用的心理健康知识与预防干预技巧、助人技巧做系统性的讲解。

3.挖掘多个视角,全过程提升基本心理健康素养

不同高职院校的学生基本心理健康素养可能存在不同,在专业、地域、心理健康教育基础、心理特点与品质等方面呈现不同的特点。因此,在启动素养提升计划前,应在把握全局规律的基础上做好本校基本心理健康素养现状的科学调查,从而做到有的放矢,并且依据本校行政管理、思政工作的特点有效推进;同时,在提升过程中运用本校的数据平台,做好数据的采集与反馈,可通过比较本科院校学生的健康素养情况、优秀校友提升策略、基本心理健康素养与其他心理品质的关系等,寻找更能聚焦、更有特色、更有效果的本校基本心理健康素养提升方案。

(三)基本心理健康素养提升的具体途径

1.教师采取丰富的课堂教学

高职院校心理健康教育课程是融知识传授、心理体验与行为训练为一体的公共必修课程，不仅要让学生掌握心理健康知识，更重要的是培养学生的自我认知能力、心理调适能力和心理发展能力。课堂教学是高职院校心理健康教育的主渠道，教师要充分运用书刊、影视、网络、测评工具等丰富的教学资源，积极采用案例分析、小组讨论、心理测试、团体训练、情境表演、角色扮演、体验活动等灵活的教学方法，以解决心理健康筛查发现的发展性、潜在性、普适性心理问题为重点目标，开展系统的、全面的心理健康教学活动。

2.针对性开展团体心理辅导与训练

团体心理辅导与训练，在学校心理健康教育工作中具有重要的作用。可以针对心理健康筛查中发现的集中性、群体性问题，利用校内或聘请校外心理专家开展专题辅导与训练。比如男生在躯体化、自伤行为维度上心理问题表现显著，女生在敏感、冲动、睡眠困难维度上表现显著，抑郁、自卑、网络成瘾等维度持续表现显著，均可聘请业内专家或培训校内教师聚焦某些方向，制定专项方案，重点缓解二级心理问题。也可通过建立心理疾病科普小组，人际焦虑小组，观念引导小组，学习、工作压力小组，音乐治疗小组等小型团体，以朋辈心理互助和教师心理辅导结合的方式，增强学生的心理素质。

3.提高心理咨询服务专业化水平

心理咨询是一对一、面对面的心灵交流。学校咨询机构的来访学生一般都是处于某种心理困扰、障碍甚至病状之中在个体人际环境中不能实现疗愈而不得不寻求心理帮助的学生，达到了心理健康筛查的二级及以上心理问题程度。接待者的态度、心理咨询师的能力和咨询室环境的专业性对来访学生心理健康的影响不容轻视，尤其是心理咨询师必须富有人文关怀、履行保密义务、熟悉业务流程、具有专业能力，同时要坚持业务学习、认真开展咨询、积累经验、接受督导，不断提升自己的专业水平。只有如此，心理咨询师才能担当起高职大学生来访学生心灵导师的重要角色。

4.建立心理危机预警防控体系

高职院校应建立学校、院系、班级、宿舍四级预警防控体系，制定心理危机干预工作预案，做好对心理危机学生的跟踪服务。对于在心理健康筛查中发现的具有一级心理问题特征的高职大学生，要综合利用各种专项心理测评量表进行深度复查，通过师生访谈进一步确认，列入预警名单，实行精准施策，因材施教，在关心呵护和暖心帮扶中开展心理疏导。畅通与专业心理治疗机构转介通道，及时转介疑似严重心理疾病学生到专业机构接受治疗。

5.做好高职大学生心理健康教育保障工作

高职大学生心理健康教育工作做得好不好，高职院校决策层重视与否是关键因素。要形成以专职教师为骨干、兼职教师为补充，专兼结合、专业互补、相对稳定、素质良好的心理健康教育师资队伍，支持教师参加专业培训和学术会议，定期接受心理督导；把心理咨询、团体辅导、危机干预等工作纳入教师工作考核体系；保障心理健康教育工作专项经费，配备必要的办公场地和设备；切实加强统一领导和统筹规划，推动高职大学生心理健康教育工作，促进高职大学生心理健康素质与思想道德素质、科学文化素质协调发展。

第二章 课程教学

课程教学是大学生心理健康教育工作的主渠道，课堂成为推进大学生心理健康教育和知识普及的重要阵地。《普通高等学校学生心理健康教育课程教学基本要求》(教思政厅〔2011〕5号)明确提出高校要开设心理健康教育必修课。构建"大学生心理健康教育(必修课)+系列选修课"的课程体系，面向大一新生开设心理健康教育公共必修课，针对其他年级开设满足学生心理健康和人格完善需求的心理健康教育选修课程，实现大学生心理健康教育全覆盖。心理健康教育课程通过丰富多样的教学活动，为大学生的健康成长、认识自我、发展自我，以及与他人和社会的和谐共处和发展提供实践指导和精神食粮。

第一节 心理健康教育必修课的开展

开设大学生心理健康教育必修课是教育部的要求，是充分发挥课堂教学在大学生心理健康教育工作中的主渠道作用，保证学生在校期间普遍接受心理健康课程教育的重要举措。2018年，教育部党组发布了《高等学校学生心理健康教育指导纲要》(教党〔2018〕41号)，文件要求健全心理健康教育课程体系，结合实际，把心理健康教育课程纳入学校整体教学计划，规范课程设置，对新生开设心理健康教育公共必修课，实现大学生心理健康教育全覆盖。

一、大学生心理健康教育课程的教学目标和教学计划

(一)大学生心理健康教育课程的教学目标

大学生心理健康教育课程是按照学生成长成才规律，应用心理学的专业知识与技能，根据学生的一般心理状况，如人际关系、恋爱观选择、情绪管理、学习心理调适等，坚持育心与育德相结合，以加深学生对心理科学知识的理解和积累，增强学生心理保健意识与心理危机应对能力，从而培养学生

心理素养。该课程以发展和预防为导向,是主动、积极和发展的课程,它旨在促进青年大学生顺利适应大学生活,提高大学生心理素质,努力促进大学生健康成长,减少成长的烦恼,提高生命的质量。

具体来说,通过课程教学,要让学生在知识、技能、态度三个层面达到以下目标。

知识目标:本课程主要讲现代社会人类健康的新理念、大学生心理健康的评价标准、青年期心理发展的年龄特征以及大学生常见的心理障碍与防治等健康心理学的基本概念和基本理论,帮助学生了解影响个体心理健康的各种因素,理解自我意识、情绪与情感状态、意志品质、人格特征、品德修养等个体心理素养与心理健康的关系。

技能目标:本课程根据自身理论性与实践性强的特点,通过课堂教学,帮助学生掌握人际关系调适、青春期性心理与恋爱心理的维护、求职与择业的心理准备以及挫折应对方式等方面的基本方法与技能,提高学生的社会适应能力。

态度目标:通过本课程的教学,帮助学生进一步认识心理健康的重要意义,使学生主动运用课堂所学知识解决生活中遇到的各类心理困扰,自觉地优化性格品质,激发心理动力,提高心理能力,培育健康心理,增强社会适应力,使学生逐渐成为具有良好心理品质和健全人格的人。

大学生心理健康教育课程通过主体体验式教学,使学生了解心理健康基本知识,掌握基本的心理调适方法;通过课程的实训模块,进一步增强学生的自信心和耐挫性,培养学生乐观积极的生活态度和顽强的意志品质,通过理论与实践的有机融合,达到培养学生良好心理素养的目的,从而为他们的全面发展提供良好的基础。

高职院校心理健康教育课程有三大目标:一是培养学生优良的心理品质,包括智能品质、情感品质、意志品质以及其他各种优良的个性心理品质;二是提供心理指导与咨询,包括职业指导、学习方法指导、人际关系咨询等;三是维护心理健康,提高心理机能,进而促进整体素质的提高和个性的发展。①

---

①夏谦,周学平:《高职院校心理健康教育课程建设及教学实践初探》,载《当代职业教育》2011年第9期。

(二)大学生心理健康教育课程的教学计划

大学生心理健康教育是学校结合开展学生素质教育而开设的一门集理论知识教学、个体心理咨询、团体心理辅导以及宣传教育活动等于一体的必修课程。

《普通高等学校心理健康教育课程教学要求》提出,要把高校学生心理健康教育课程纳入教学计划和人才培养方案,作为公共必修课设置2个学分,32~36个学时,每周两个学时,理论教学和实践课程的比例可以根据实际进行调整。针对高职院校的实际,课堂教学12学时,实践课程20学时较为合适。

大学生心理健康教育课程的教学要求是:

1.面向全体学生

大学生心理健康教育课程面向全体学生,以整体目标为核心,结合学校大一年级学生自身特点和普遍存在的诸如适应问题、自我认识问题、人际关系问题、异性交往问题等设计菜单式的心理健康课程内容,充分体现课程的整体性、灵活性和多样性。

2.精选教学内容

根据能力要求与教学内容编制讲义,要紧密联系学生的实际生活,选取充满时代气息、真实反映社会、学生感兴趣的内容,使之不仅符合学生的知识水平、认知水平和心理发展水平,还可以使他们对社会有比较全面、客观的认识。同时,尽可能设计趣味性较强的话题和活动,激发学生参与的兴趣和热情。

3.倡导体验分享

该课程倡导活动型的教学模式,教师应根据具体目标、教学内容、条件、资源的不同,结合教学实际,选用并创设丰富多彩的活动形式,以活动为载体,使学生在教师的引领下,通过参与、合作、感知、体验、分享等方式,在同伴之间相互反馈和分享的过程中获得成长。

4.开发课程资源

教师应将现代化教育技术与课程教学有机结合,要通过合理利用音像、电视、报纸杂志、网络信息等丰富的教学资源,给学生提供贴近生活实际、学生发展水平、时代的多样化的课程资源,拓展学习和教学途径。

5.注重教学过程

(1)丰富学生经验

教师要通过多种教学活动和手段,结合学生现实生活中实际存在的问题,共同探究学习主题,帮助学生增进积极的自我认识、获得丰富的情感体验、形成积极的生活态度、建立良好的人际关系、不断丰富学生的生活体验,使学生在获得内心体验的过程中,获得感悟和提高。

(2)引导学生自助、助人

在教学中要注意引导学生从自己的世界出发,用多种感官去观察、体验、感悟社会和生活,获得对世界的真实感受,让学生在活动中探究,在分享中发现和解决问题,要引导学生学会对自己负责,及时鼓励学生相互间的支持和互助行为。

(3)注重团体动力在课堂教学中应特别重视利用团体动力来激发学生参与活动的热情;利用团体气氛调动学生相互分享和反馈;利用团体支持使活动效果得到加强。

二、高职心理健康教育课程的教学内容和教材建设

(一)高职心理健康教育课程的教学内容

1.教育部要求规定的大学生心理健康教育课程教学内容

《普通高等学校学生心理健康教育课程教学基本要求》明确规定了大学生心理健康教育课程内容体系和教学大纲。基本要求把大学生心理健康教育课程的教学主要内容分为以下三个部分:第一部分是了解心理健康的基础知识,包括大学生心理健康导论、大学生心理咨询、大学生心理困惑及异常心理;使学生了解心理健康的标准及意义,了解异常心理的表现,树立正确的心理健康观念。第二部分是了解自我与发展自我,包括大学生的自我意识与培养、大学生人格发展与心理健康;使学生了解并掌握自我意识发展的特点,识别自我意识发展过程中出现的偏差并能够对其进行调适,建立自尊自信的自我意识;了解人格的基本知识、当代大学生的人格特征和自我人格发展状况,掌握大学生常见人格缺陷的表现、形成原因及调适方法。第三部分是提高自我心理调适能力,包括七个内容:(1)帮助学生了解在大学期间需要发展的能力目标,并对自己的大学生涯进行规划,有目的地安排自己

的时间,更好适应大学生活,获得自我发展;(2)使学生了解大学学习活动的基本特点与学习心理特点,了解大学生学习心理障碍的表现及成因,学会调适学习心理障碍,使自己拥有良好的学习心理状态;(3)使学生了解自身的情绪特点,掌握情绪调适的方法,自主调控情绪,保持良好的情绪状态;(4)使学生理解影响大学生人际交往的因素,掌握基本的交往原则和技巧,了解人际关系障碍的类型及调适方法,增强人际交往能力;(5)使学生了解自身性生理和心理的发展,认识大学生恋爱心理的特点,了解大学生在性心理和恋爱心理方面存在的问题,形成对性心理和恋爱心理的正确认识;(6)使学生了解大学生压力及挫折的主要来源,了解压力与挫折对人生的意义,学会正确管理压力和应对挫折;(7)使学生认识生命,尊重生命,珍爱生命,帮助大学生识别心理危机的信号,掌握初步的干预方法,预防心理危机,维护生命安全。

2.高职院校心理健康教育课程的内容设定

高职院校心理健康教育课程教学不同于专业课等其他教学,教师在课前可以通过发放问卷或者访谈,充分了解掌握学生的心理状况及其对课程内容的需求,以更精细地确定教学内容,有针对性地开展教学,有效促进学生自我调适、自我成长和自我发展。有关调查显示,高职大学生最想要学到的教学内容排前三的依次是:自我认知、人际关系、情绪情感。高职院校心理健康教育课程内容更加强调实践性和体验性,要求课程教学能够做到融心理健康知识、心理问题解决技能以及个人情感体验与改变为一体。根据高职大学生的实际,高职院校心理健康教育课程的内容设置应包括以下几个方面。

其一是自我认知教育。高职大学生处于自我认同与迷失的矛盾阶段,需要帮助学生正确认识和评估自我,重新给自己定位,确立人生奋斗目标,制定正确的学业规划,重新找回自信和自我价值感。通过自我意识教育,扬长补短,挖掘个人内在潜能,促使自身素质和能力稳步提升。

其二是人际交往教育。几乎所有的心理问题都与人际关系有关,而不懂得如何与人交往并建立良好关系又是当代高职大学生的短板,通过人际交往教育,帮助大学生明确人际关系的重要性和人际交往原则,在交往中运用恰当的途径展示个性优势。同时,通过人际交往教育,让高职大学生掌握必要的沟通交流技巧,培养他们的情商,从根本上促进他们的人际和谐融洽,真正提高他们的人际交往能力。

其三是情绪情感教育。高职大学生正处在青年时期,对于情感变化既强烈又好奇,无法把控自身情感,部分学生也不能有效自我调节情绪,相当一部分学生情绪不够稳定,波动较大。青春期的学生渴望美好的爱情,但他们心理又尚未完全成熟,不能妥善处理好恋爱中的各种矛盾冲突,非常容易出现心理困扰,甚至还容易发生过激事件。情绪情感教育可以让高职大学生充分掌握个人情绪转变特征,学会释放心理压力和负面情绪,理解和包容别人的情感状态,学会分辨友情与爱情,懂得珍惜情感。

其四是心理弹性调适教育。高职大学生的心理障碍需要通过心理弹性教育进行调适,让他们在遇到问题时,去除自己头脑中的非理性思维,保持冷静与理性,根据问题探索针对性的解决措施,学会变通,逐渐提升心理素质和应对能力,掌握心理问题的处理技巧。

(二)高职大学生心理健康教育课程教材建设

1.心理健康教育课程教材建设的依据

教材是课程的核心工具,教材的内容反映了心理健康教育工作者对大学生心理健康工作体系与内容的认识。高职院校心理健康教育教材是学生获得心理基础知识、进行心理体验感悟和提升心理素质能力的主要材料;是任课教师进行备课的主要资料、组织课堂的主要资源和评价教学成效的主要依据;是教研室制定课程计划、学科教学任务和人才培养方案的重要参考指标。

《高等学校学生心理健康教育指导纲要》(教党〔2018〕41号)要求完善心理健康教育教材体系,组织编写大学生心理健康教育示范教材,科学规范教学内容。《普通高等学校学生心理健康教育课程教学基本要求》是心理健康教育课程纲领性指导文件,是编制教材的依据。《普通高等学校学生心理健康教育课程教学基本要求》提出大学生心理健康教育课程内容分为心理健康基础知识、自我意识、心理调适能力三大部分,具体划分为大学生心理健康导论、大学生心理咨询、大学生心理困惑及异常心理、大学生的自我意识与培养、大学生人格发展与心理健康、大学期间生涯规划及能力发展、大学生学习心理、大学生情绪管理、大学生人际交往、大学生性心理及恋爱心理、大学生压力管理与挫折应对、大学生生命教育与心理危机应对。现阶段高职教育学制短，大多数通过“2+1”模式（在校学习2年加上顶岗实习1年）培养学生，学生在校学习时间较短，学习任务较重，因此高职院校心理健康教育教材涵盖的专题和内容应以《普通高等学校学生心理健康教育课程教学基本要求》为依据，但不应太多。

教材内容上应贯彻以学生为中心的教学理念，反映当代大学生心理的内在需求，遵循心理体验成长与身心全面发展相结合，以《普通高等学校学生心理健康教育课程教学基本要求》为纲领，涵盖大学生活的主要方面和领域，符合高职大学生的心理需要，注重高职大学生的意志培养和人格完善，引导他们体验、感受和感悟，成长为心理素质与思想道德素质、科学文化素质协调发展的时代新人。同时还要注重心理应用能力与职业发展素质相结合，不同的职业发展需要不同的心理应用能力，专题内容设置应引导学生根据自身职业发展，将获得的心理体验内化为个人适应社会生活和职业生涯发展的主体能力，提升学生的心理健康水平与职业素质。[①]

2.心理健康教育课程教材建设的考虑要素

大学生心理健康教育课程教材建设是高职院校贯彻教育部《普通高等学校学生心理健康教育课程教学基本要求》和《高等学校学生心理健康教育指导纲要》的重要环节，因此，教材建设应在体例和设计中有意识地融入《普通高等学校学生心理健康教育课程教学基本要求》和《高等学校学生心理健康教育指导纲要》提出的教学方法和教学形式，同时考虑对任课教师的课堂组织实施有辅助作用。

（1）遵循课堂组织逻辑顺序

为减轻任课教师的备课负担，提升课堂教学的实际成效，教材建设要遵循课堂组织逻辑顺序，可以按照“知识传授、心理体验和行为训练”的逻辑顺序进行建设，具体包括：导读案例或故事引入、理论知识讲解、心理体验环节及行为训练活动、章末小结和延伸拓展等。

（2）体现互动体验教学理念

根据高职大学生普遍对理论学习兴趣较低、对实践训练参与度较高的特点，在教材中可适当设置团体心理辅导活动、内省感悟活动和素质拓展活

①李惠贤：《关于高等职业学校心理健康教育教材的建设思路》，载《广东教育》2020年第8期。

动，以体现互动体验教学理念。团体心理辅导活动能更好地将心理健康教育知识、情感体验和行为训练融为一体，使学生在体验中得到共情。内省感悟活动关注学生自身的内心感悟和情感表达，让学生通过自我体验实现心理成长。素质拓展活动能进一步促进学生心理素质的提升。

(3)设置课堂教学辅助资源

为促进学生自学和协助教师开展教学，心理健康教育教材应设置课堂教学辅助资源，例如：课前可设置一些与课堂相关的故事赏析、视频观看、小任务、案例分析等活动，有利于引入课堂主题。课后可以提供一些拓展阅读或线上学习资源，帮助学生延伸丰富心理学知识，涉及心理训练的，可配备扫码播放的背景音乐；涉及影视或视频作品的，可配备扫码观看的资源等。

(4)帮助学生提升心理素养

心理健康教育教材应将心理学专业知识和学校、学生的生活和学习实际紧密结合起来，回应大学生心理需要，涵盖大学生活的主要方面和领域。同时，将心理健康素养知识融入其中，促进学生有意识地维护自身和他人的心理健康，提升个人的心理健康水平。

三、高职心理健康教育课程的教学组织形式和教学方法

《普通高等学校学生心理健康教育课程教学基本要求》提出，高校学生心理健康教育课程既有心理知识的传授，心理活动的体验，还有心理调适技能的训练等，是集知识、体验和训练为一体的综合课程。课程要注重理论联系实际，注重培养学生实际应用能力。课程要充分发挥师生在教学中的主动性和创造性。教师要尊重学生的主体性，充分调动学生参与的积极性，开展课堂互动活动，避免单向的理论灌输和知识传授。课程要采用理论与体验教学相结合、讲授与训练相结合的教学方法，如课堂讲授、案例分析、小组讨论、心理测试、团体训练、情境表演、角色扮演、体验活动等。在教学过程中，要充分运用各种资源，利用相关的图书资料、影视资料、心理测评工具等丰富教学手段。

(一)高职心理健康教育课程的教学组织形式

高职大学生有其独有的心理特征：大学生一般性格较为活泼、好动，存在着倦怠理论学习的情况，但愿意参与实践教学活动，更倾向于体验式、实践型的教学。因此，根据高职大学生活泼好动、乐于开展实践活动的特点，

引导他们发挥优势特长，调动他们的学习兴趣和热情，提高课堂教学效果，从而提升教学质量。调查表明，高职大学生最喜欢类似情境、案例、团辅、训练、访谈等注重体验式和实践性的教学方式。因此，高职院校要针对学生心理需求，推行体验式教学，课堂教学和实践课程的比例可以根据实际进行调整。根据教学实践，课堂教学12个学时，实践课程20个学时较为合适。

（1）课程强调学生心理健康知识的实际运用，培养和锻炼学生的心理素质。要强调理论教育与实践训练相结合，充分利用各类实践资源，突出心理健康课程教学过程和教学内容的实践性。课堂教学环节应突出重点，选取与大学生心理需要紧密相关的内容，如心理健康常识、自我意识、人际交往、亲子关系、恋爱与性、情绪和压力管理等，以专题形式开展教学。实践项目可以包括各类心理健康教育实践活动，如心理测试、心理讲座、团体心理辅导、心理影片赏析、心理素质拓展与训练、校园心理剧表演等，学生可以根据自身特点和需要自主选择参与。学生参加心理健康实践活动，可获取相应学时数的"实践课程学时认定"。每学期（或学年）统计汇总学生实践课程学时完成情况，按照相应比例合并计算实践课和课堂教学成绩，得出该课程总评成绩。

（2）课程强调体验式理念，将团体心理辅导技术融入教学过程中，开设以体验式训练和团体心理辅导为主要形式的课程，授课教师可以充分利用团体心理辅导技术，通过多重互动体验式的教学手段以及角色扮演、互动游戏、行为训练、心理情景剧等多种形式，提升课堂教学效果。

应以团体心理辅导形式开设体验式教育、自我成长和人际交往等选修课程，组织不同类型的学生开展"自我成长""静心减压""生涯探索""人际交往""亲密关系"等团体心理辅导训练营，每个团体一般可以开展6~8次集中活动，每次一个小专题，严格按照专业要求运作，从而提供同辈交流和互动的有效平台，也可开展户外素质拓展训练活动，如"同心鼓""信任背摔""能量传输""十人九足""移花接木""穿越电网""无敌风火轮"等活动，以此来培养学生综合心理品质、提高学生总体素养。

（3）课程还应借助网络平台。随着移动互联网的普及，大学生越来越习惯于接受线上教学，采用较为自主的方式学习。线上教学的设置，可以丰富大学生心理健康教育载体，符合当前大学生的学习特点，为大学生即时学习心理健康知识提供便利，有效地弥补线下课程存在的不足。教师应积极探索线上教学，线上与线下结合，丰富心理健康教育资源。线上教学须注意两点：一方面，可以通过“超星”或“智慧树”等网络平台开设心理健康教育相关课程，选取内容宜新颖活泼，生动有趣；另一方面，可采用慕课教学方式，给学生提供充足的活动交流环节，通过课堂翻转、实景案例等教学手段，让学生很轻松地投入自主学习中去，学生的主体地位得到了较大的提升。

（二）高职心理健康教育课程的教学方法

高职心理健康教育课程要强调以学生为主体，通过学生的参与和体验，以激发学生内在动机为中心，注重启发学生对心理健康知识的领悟和应用。

1.讲授法

讲授法是高职心理健康教育课程教学中的常用方法。心理健康的基本理论知识、定义、概念、大学生心理特点与健康情况等内容可以先采用讲授法来进行教学。但必须注意的是在教学中教师要结合典型心理案例，设法与大学生的实际生活密切联系，同时应注重师生互动，可穿插一些能引起学生兴趣的心理游戏和心理测验。

2.讨论法

讨论法是能更有效调动学生积极主动参与到课堂教学中的教学方法，可以集思广益、沟通思想和感情，促使问题得到解决。讨论的具体内容要根据教学要求进行选择，可以紧密联系实践。在讨论的过程中学生可相互启发，使思想观念相互激荡，发现和解决问题，进而达到心理素质的自我提升与心理不适的自我调节。讨论法在具体应用中可以采用多种形式：如专题讨论、小组讨论、辩论式讨论、案例讨论、自由发言、头脑风暴等。

3.认知法

依靠学生的感知、想象和思维等认知活动来达到教学目标。主要通过阅读和听故事、多媒体教学、艺术欣赏、联想活动、认知改变、参观访问及调查等方式进行。这种方法旨在创设情境以丰富学生的感知，陶冶学生的情操，引发共鸣，起到心理教育的作用。

4.操作法

主要通过学生的言语和动作来达到心理教育的目的。常用的方式有游戏、测验、演讲、绘画、唱歌、手语舞、手指操等。游戏是学生最喜爱和乐于接受的活动，实施中应该重视游戏的历程，使学生在游戏过程中探究、感受、体验、顿悟、分享、成长,而不是重视游戏的结果。

5.角色扮演法

角色扮演法是通过行为模仿或行为替代来影响个体心理过程的方法。它通过戏剧角色演出的形式,要求学生根据教师的指导在一个特殊场景下模拟某个人物的话语、动作等,引导他们体验惊恐、欣喜、忧愁、气愤等,剖析并找到问题的根源,从而有意识地调整不良的心理状态。情景模拟讨论过程可进一步激发学生在模拟情境中和教师、同学一起探讨问题的积极性,利用模拟情境感受心理困扰带给个体的冲击,同时利用讨论培养学生自助或寻求解决问题的能力。这种方法不仅引发学生自己体验,而且有助于学生发泄不良情绪,帮助学生主动进行心理调适,促进心理健康发展。角色扮演法能够调动学生的表演激情和创造兴趣,为大学生心理健康教育课的教学注入了新鲜的活力,而学生在互动表演中学会了积极的沟通交流,在教师和学生的导与演配合中建立了平等信任的关系。

6.团体心理辅导训练法

团体心理辅导训练法以“体验式”教学为主,通过各种团体游戏、小组讨论、情境体验、角色交换等方法开展,指导学生在团体活动中反思,通过自己或者同辈力量解决问题。将团体心理辅导训练应用于高职心理健康教育课程教学中,既可以为大学生带来全新的课程学习体验,也更加注重大学生在心理健康教育课程学习中的情感体验,从而对转变行为、创新思想等方面产生正面影响。团体心理辅导需要与高职心理健康教育课程保持一致,帮助大学生更好地解决日常生活中的问题。在团体心理辅导活动课程中,教师通过引入趣味性元素,提高学生参与活动的热情,引导学生在课堂上积极分享,增加课堂互动,同时将课程教学与大学生的现实生活相结合,提高学生的感悟力,促进其全面发展,提高高职心理健康教育课程教学的质量。

7.户外素质拓展训练法

户外素质拓展训练法在心理健康教育课程中非常受欢迎,因为这种体验式教学符合学生心理需要,能够显著提高学生的学习兴趣和参与度,在教学过程中还可以充分调动学生的个人潜能,激发创新思维能力,提高实际解决问题的能力,培养学生的团队合作意识和集体荣誉感,让学生在游戏中体验挑战自我的乐趣,培养他们的自信心,进而达到认识自我、激发潜能、树立积极健康的生活信念，并将这些感悟内化于行动，将行动变为习惯，在未来的学习生活中科学定位个人目标，不断突破自我，为未来的工作和生活打下坚实基础。

四、心理健康教育课程的考核和教学评价

（一）心理健康教育课程的考核

心理健康教育课程的考核比较复杂，它不同于其他课程那样对知识或技能的考核，教育的效果是看学生心理健康意识、人际关系能力等水平是否提高，而非心理知识的测试。由于心理健康教育的成效是一个持续渐进的过程，要在短期内看出教学效果是非常困难的。所以，心理健康教育课程的评价主要采取过程性评价。根据课程的总体目标，我们可以把平时考核和期末考核结合起来，具体方法是把平时成绩考核细致化、鼓励化、体验化，学生在课堂中的每一次展示、参与合作的情况、活动中的体验感悟等都给予一定肯定。另外，和课外的实践活动也结合起来，比如参加心理健康月活动、心理志愿者服务和心理社团组织的活动等，都可作为成绩的加分项，鼓励学生在平时也多参与、多体验，渗透于他们的大学生活中，通过考核，更进一步全面发展和优化他们的心理素质。具体说来，心理健康教育课程在考核时需注意以下几点。[①]

1.明确考核目标

教育部办公厅印发的《普通高等学校学生心理健康教育课程教学基本要求》（教思政厅〔2011〕5号）明确了课程教学目标，旨在使学生明确心理健康的标准及意义，增强自我心理保健意识和心理危机预防意识，掌握并应用心理健康知识，培养自我认知能力、人际沟通能力、自我调节能力，切实提高心理素质，促进学生全面发展。根据此教学目标，其课程考核目标也需进一步明确，具体内容包括4个方面：（1）督促学生理解并掌握心理健康知识，树立、增强自我心理健康意识；（2）检查评定学生自我心理调适、解决实际问题的能力；（3）引导学生自我成长、促进学生全面发展；（4）获得教学效果反馈信息，帮助教师改进教学方法，进一步提高教学质量。

---

① 徐爽：《<大学生心理健康教育>课程考核方法改革与创新》，载《商丘职业技术学院学报》2014年第4期。

2.采用知识技能实践运用的考核

《普通高等学校学生心理健康教育课程教学基本要求》明确提出，课程教学评估内容应包括学生对知识的理解和掌握程度，以及学生心理调适能力的提高，要以学生解决实际问题的能力为评估重点。因此，学生心理调适能力、解决实际问题的能力以及自我成长的能力是这门课程考核的重点指标。教师可根据学生自己、同学朋友、辅导员教师、家长对其在日常生活、学习以及社会实践中的表现给出客观公正的评价。知识技能的实践运用也可通过任课教师专门设计的情境活动得以体现。在所有的考核内容中，对知识技能实践应用的考核应占较大的比重。

3.建立发展性考核模式

在设置心理健康教育课程考核时应坚持积极心理学的教育理念，培养学生积极心理品质是一个行为过程，又是学生积极参与体验的过程。所以，课程考核应偏向于学生心理素养的提高，让学生在参加心理健康课程的活动过程中，逐步满足他们的兴趣，了解心理健康知识，这有助于提高心理健康教育教学的有效性，使学生掌握解决心理问题的方法，促进心理健康水平的提升。在考核内容上，注意描述学生个性化反应，增强学生个人的发展功能。如注重学生发展过程的纵向对比。在考试时，学生如果第一次考得不如意，可适当采取暂时不计分的方式，并允许学生考第二次、第三次，以促使学生再做进一步努力。这样就重视了学生的主观感受，使学生在考试中取得成功，提升信心。总之，考核本身亦要考虑学生的心理素质的发展。

4.要坚持多元化考核方法

所谓考核方法多元化，就是坚决抛弃传统的单一化考核模式，全面贯彻开放式的原则，采用可以全面、客观、动态地反馈学生学习情况的多角度、全方位的考核方法。首先，考核不再单纯依靠学习结束后的考试或作业来评定学生的成绩，而是结合学生学习过程中的课堂表现、个人努力程度等进行综合性的考评。其次，考核不仅仅通过笔试，还要通过学生自我成长记录、教师对学生课堂表现的记录、同伴之间的相互评价、行为观察记录等进行；同时仅凭任课教师的单方面评价也不够全面，还要采用学生自评、同学互评、家长反馈、辅导员教师反馈等方法，其中学生的自我评价尤为重要，可采用自我成长分析报告、自我反省评价等形式，通过学生自己的主观体验来分析其自我变化与成长。最后，采用课内表现考核与课外表现考核相结合的方法，心理健康教育这门课程最注重学生对课堂所学知识的内化和应用，因此，对学生的考核不应受时间、空间的限制，应跳出课堂，更多地注重其在课外日常生活中的表现。

5.建立科学的考核体系，细化指标评分标准

心理健康教育课程的考核应包括平时考核和期末考核两大部分，分别占课程总成绩的60%和40%，其中平时考核的主要内容有课堂内表现、课堂外表现以及自我主观体验，期末考核的主要内容有心理测验和试卷考试。课堂内表现主要通过任课教师的随堂观察记录进行评价，包括学生课堂出勤率的高低、认真听课的程度、课堂活动参与情况、发言次数、团队合作意识的高低、心理素质变化情况等方面；课堂外表现主要从学生日常生活中的人际关系、社会生活适应、自我认知、情绪管理及其他行为表现等方面，根据学生间的互评、辅导员教师的评价以及家长的反馈进行考核；自我主观体验主要通过阶段性自我成长分析报告、自我反省评价等方法，根据学生对自己在学习中的表现、收获、反思、成长的主观心理体验来考核其心理素质的提高或改善。期末试卷考试可采用开卷考试的方法，通过案例分析、情景再现等题型主要考查学生对心理健康知识的理解、掌握以及心理调适技能的应用。

（二）心理健康教育课程的教学评价

心理健康教育课程教学评价的根本目的是获得反馈信息，以帮助教师改进教学，促进学生发展，保证课程教学目标的实现，而不在于对学生心理健康发展水平作出终结性的评定，更不是利用评价结果对学生进行比较与区分等。课程评价具有强化与教育功能，评价本身具有教育性，是人与人互动与交流的过程。利用评价对学生的进步进行鼓励，对于辅导过程中的不足提出改进建议，保证课程目标的实现。

心理健康教育课程教学采用多主体、开放性的评价，可根据具体情况，选用或综合运用教师评价、学生自我评价、学生相互评价等方式对学生进行评价，同时，直接或间接地对教师的教学效果进行评价。

1.教师观察记录

教师有计划、有目的地对学生在日常活动中表现出的情感、态度、能力、行为进行观察，做记录，作为评价的材料。

2.作品分析

根据教学内容，教师布置相应的作业（学习体会、个案分析、心理日记等），并对学生的作业进行分析评定，通过学生的作业对其心理素质发展状况进行评价，进而评价心理健康教育课程的教学效果。

3.学生自评

教师引导和帮助学生对自己在学习中的表现与成果进行自我评价，以提高自我认识、自我调控能力。特别让学生评价自己是否感觉经过心理健康教育后，自己的人际关系、学习情况、情绪调控能力等方面是否有提高或改善。

4.学生互评

学生依据一定的标准互相评价，帮助学生逐步养成尊重、理解、欣赏他人的习惯，相互促进。

5.心理测量

使用心理测验了解学生在接受心理健康教育前后的心理素质的变化情况，通过心理测试（后测）与实施前的诊断性评价（前测）相对照，考察在前后测之间学生心理素质变化差异的显著性，进而评价心理健康教育课程的教学效果和评定课程对学生心理素质发展影响的程度。

第二节 心理健康选修课开设课程简介

高职院校建立选修课制度能有效地促进大学生的心理健康发展。开设相关心理学选修课，拓展学校心理健康教育课程，是构建高职心理健康教育课程体系、解决好高职心理健康教育的实效性的关键。应将心理选修课程纳入心理健康教育课程体系中，拟定教学大纲，确定教育组织形式，明确教育目的。选修类课程的课时一般是每周2个课时，开设8周或16周，授课对象既可以是具体的某一学生群体，也可以是来自各个群体的学生，一般以50~60人为宜，由学生根据自己的兴趣、爱好、心理素质特点自由选修。活动类选修课程包括各类中、短期培训，素质拓展训练和团体心理辅导课程等，一般按模块开展，选修模块的课时可以是每周2个课时，每个模块开设6~8周。这类课程主要依据大学生心理素质的实际情况进行，活动课程可安排在修读完某一门课程之后进行。下面简要介绍可供高职院校开设的心理健康选修课程。

一、幸福心理学

幸福心理学又叫积极心理学,是研究和培养人类积极心理品质和美德,激发个人潜能,增强和提升个体幸福感,从积极心理学视角传播积极心理健康理念与文化的课程。

这门课程内容根植于中国本土的研究成果,探讨中国人的积极心理品质和美德。围绕着“幸福”主题,课程阐释了在中国文化背景下与幸福体验密切相关的积极情绪与体验、积极认知、积极人格、积极人际关系、积极组织与氛围、压力的积极管理与积极改变等积极心理健康理念与文化。

本课程通过“理论讲解+案例剖析+心理训练”的教学方式,从知识、技能和自我认知三个层面上,帮助学生认识自身具备的积极力量,挖掘和发挥自身固有的、潜在的、建设性的力量,重新审视自身在发展过程中遇到的困境,从现实生活中的困境看到希望和未来,用积极的认知理解人生发展中的挑战,从日常生活小故事中感受并获得幸福,具有自觉改变自己的意愿。

具体教学内容如下:

第一单元 积极心理学与幸福人生;

第二单元 积极情绪与体验;

第三单元 积极认知;

第四单元 积极人格;

第五单元 积极人际关系;

第六单元 积极社会组织与文化;

第七单元 积极压力与管理;

第八单元 积极改变与主动成长。

二、创造心理学

创造心理学是心理学的一个新分支,是研究创造性的活动过程中人的心理现象及其活动规律的科学。它是以心理学为中心,综合人类学、社会学、教育学以及生理学等对创造研究的成果的一门行为科学,其研究范围包括影响创造的各种因素,如创造性与创造力之测量、创造过程以及创造方法等,是现代心理学最有前途的一个领域。

本门课程主要目的是培养学生的创造性人格，开发学生的创造性思维。课程主要任务是揭示创造活动的心理过程，为激发创造潜能、培养创造型人才提供依据。主要内容包括：创造心理的特征与过程；影响创造力发挥的因素；创造性思维与创新；创造型人格（创造智能、兴趣、态度、性格和气质）；创造力的测验；创造性想象；创造的方法；创造力的挖掘和培养途径等。

具体教学内容如下：

第一单元 绪论；

第二单元 创造心理的特征与形成过程；

第三单元 创造力的发展与影响因素；

第四单元 创造性思维与创新；

第五单元 创造型人格；

第六单元 创造力测验；

第七单元 创造性想象；

第八单元 创造技法训练；

第九单元 创造所具备的心理素质；

第十单元 创造性人才的培养；

第十一单元 科学创造心理与创新；

第十二单元 现代技术与创造性思维。

三、职业心理学

职业心理学是应用心理学的一个分支，是研究与人们选择、从事和改变职业有关的个体差异和特点的一门学科。它主要研究人在职业领域活动中的心理现象，即人们在选择、从事和改变职业上有关的个体差异和特点。它包括职业选择、职业指导和职业教育等方面的内容，还包括现代社会中大量出现的职业咨询问题。职业心理学的研究以人的能力概念为基础，以各种心理测验工具为方法和手段，帮助人们选择并确定适合其个性和能力的职业。

本课程主要内容包括以下几个方面：对就业制度变革及其对人们就业意识与就业行为的影响做深入分析；就业心理与职业指导理论的整合性介绍；大学生如何进行职业选择、职业决策和职业适应；人的个性与职业如何匹配；职业心理选拔的各种方法和技巧（包括面试技巧）；职业生涯发展理论与模式以及职业生涯管理；如何适应职场压力以及如何进行压力管理等。

在新的形势下，大学生就业难度增加，面对职场的困惑，大学生明显地感受到来自求职与工作的压力，很多大学生对自己的职业生涯发展的前途存在着不同程度的迷茫感。针对大学生的特点以及在日常心理咨询过程中集中体现的问题，开设“职业心理学”这门课程的目的是让学生在充分了解自己以及对当前就业形势有较全面认识的基础上，帮助学生做好自身的职业规划，选择适合自己的职业，为将来就业做好准备。

具体教学内容如下：

第一单元 职业心理学概述；

第二单元 职业发展与个体职业社会化；

第三单元 职业心理与职业指导的理论基础；

第四单元 职业选择与职业兴趣；

第五单元 人的个性与职业的匹配；

第六单元 职业心理选拔与心理测验；

第七单元 职业生涯发展与管理；

第八单元 职业指导；

第九单元 职业心理咨询；

第十单元 职场中的压力与应对。

四、绘画心理与个人成长

本课程以绘画心理学的理论为基础，将绘画心理学技术应用在大学生个人心理成长方面。课程注重实操性与趣味性，通过绘画心理分析技术了解自己的情绪状况、性格特征、优势和劣势，找到问题的解决方向和提升自我的途径，同时通过绘画帮助处理自己的不良情绪，缓解内心的焦虑，促进个体健康成长。

通过本课程教学，学生能够理解绘画心理分析的原理，学会和掌握绘画心理分析的方法，并用这种方法认识自己、了解他人，促进和谐人际关系、人格健康，做一个自己真正想成为的人、对社会有用的人。

具体教学内容如下：

第一单元 绘画心理分析概论；

第二单元 如何实施绘画心理测试；

第三单元 如何进行画面整体分析；

第四单元 如何进行树木画分析；

第五单元 如何进行人物像分析；
第六单元 如何进行房屋、附属物分析；
第七单元 如何进行绘画心理分析(综合分析)；
第八单元 绘画在个人成长方面的应用(一)个性探索；
第九单元 绘画在个人成长方面的应用(二)情绪情感调节；
第十单元 绘画在个人成长方面的应用(三)压力管理；
第十一单元 绘画在个人成长方面的应用(四)抗挫力；
第十二单元 绘画在个人成长方面的应用(五)人际关系；
第十三单元 绘画在个人成长方面的应用(六)职业生涯规划；
第十四单元 绘画在个人成长方面的应用(七)即时场景画；
第十五单元 绘画在其他方面的应用。

五、爱情心理学

爱情心理学是研究男女恋爱中的心理现象及其发生与发展规律的科学，即探讨男女在恋爱、婚姻中，爱情的获得及稳固的心理规律，包括恋爱心理和婚姻心理两部分。爱情心理学的具体研究：稳固爱情的心理规律；男女相爱的心理奥秘；求爱及择偶心理；初恋心理；爱情挫折心理及婚后各阶段的爱情发展之心理特点等。它是一门应用心理学。爱情不仅受社会、思想伦理等因素影响，也受许多复杂心理因素的制约。

本课程突破通俗心理学对两性亲密关系的肤浅总结，综合社会心理学、进化心理学、发展心理学和临床心理学多个分支的研究成果，总结出人们在爱情、婚姻、承诺、友谊、激情、嫉妒、背叛、孤独等方面的心理模式和行为特点，试图从更新的视角和观点帮助大学生更深刻地理解爱情的真谛。

具体教学内容如下：
第一单元 吸引法则；
第二单元 亲密关系；
第三单元 爱的表达；
第四单元 独处与孤独；
第五单元 择偶秘籍；
第六单元 爱的B面；
第七单元 婚姻的秘密；
第八单元 性。

六、两性心理学

两性关系是每一个人生活中不可避免的课题。而大学生正处在身心日渐成熟阶段，面临两性交往，但是对两性差异却缺乏必要的认识以及合理的两性观念。

本课程介绍两性之间差异的生理基础以及形成原因，分析了在现实社会中男性和女性面临的社会压力以及生活中因差异引起的不协调，了解两性地位发展的历史，了解两性在生理、心理、行为等方面的差异，明白两性相处的理论和技巧，通过理论和课堂实践练习，促进学生正确地与异性相处，达到互相尊重和认可，从而构建和谐的两性关系。

具体教学内容如下：

第一单元 两性心理学概述；

第二单元 性生理卫生；

第三单元 性心理发展；

第四单元 性行为；

第五单元 男性性格特征；

第六单元 女性性格特征；

第七单元 两性交往；

第八单元 亲密关系。

七、户外素质拓展训练课程

大学生素质拓展课程作为一种现代学习方式与训练方式，通过精心创设特殊情境系列活动，激发、调整、升华、强化受训者心理、身体、品德、素质与潜能，使受训者达到心态开放稳定、敢于应对挑战、富有创新活力状态，培养自信心，促进其社会交流与沟通关系，强化其合作意识，培养其创新能力。大学生素质拓展训练有助于推动高职院校素质教育体系进一步完善，有益于培养学生较强的管理协调能力、人际交往能力与社会适应能力，这些都是课堂教学无法或不能很好完成的素质教育内容。这种体验式教学对于教学来说是一种新尝试，学生通过挑战自己与开发潜能，建立与队友之间合作、交流、沟通的关系，摸索出在团队中如何更好地实现目标等一系列策略，锻炼与提升个体素质，培养个体在集体中的活动能力。这种教学活动有效地提高了学生的综合素质。

本课程主要目的是磨练意志、陶冶情操、完善人格、熔炼团队。它能有效提高人在体能、毅力、智慧、沟通、协作等方面的素质与能力，并且可以把其升华到可能达到顶峰；它能够培养参与者具有克服困难的毅力、良好的心理素质、积极进取的人生态度、敢于挑战自我极限的勇气与精诚合作的团队意识。拓展训练活动有利于参与者个人潜能挖掘与团队精神培养。拓展训练活动目标更注重参与者心理素质提升，拓展训练活动所采用活动方式要有计划性。素质拓展课程是一种着眼于受训者基本能力全面改进、提升与增强个人及组织团队系列优势现代学习、训练方式，是中国当代素质教育实践应用中的新发展。

具体教学内容如下：

第一单元 课程介绍；

第二单元 破冰团建；

第三单元 打破人际隔阂；

第四单元 团队决策力；

第五单元 合理分配资源；

第六单元 体验信任；

第七单元 体能极限挑战；

第八单元 心理极限挑战。

八、团体心理辅导活动课程

团体心理辅导是在团体心理情境下为成员提供心理帮助与指导的一种辅导形式。它通过团体内人际的交互作用，促使个体在交往的过程中通过观察、学习、体验等认识自我、探索自我、接纳自我，调整和改善与他人的关系，学习新的态度与行为方式，提高适应能力，以预防或解决问题并激发个体潜能的心理辅导过程。简而言之，它就是借助于团体的气氛，让参与活动的学生通过交流、模仿去感受、领悟。

开设“团体心理辅导”选修课程可以为学生成长提供朋辈群体的支持氛围，来自不同的专业、年级、班级的学生在一种突破常规的班级式群体中，新的氛围、新的人际交往圈子，往往更容易让学生抱着好奇心、带着兴趣进入团队。该课程把理论与实践结合起来，把抽象的知识演变成生动活泼的操作，使学生在实际活动情境中来体验、领悟活动中所蕴含的深刻道理。在课堂上，学生必须与人合作，充分感受团体合作的氛围，一方面以人为镜反观自己;另一方面,也可以通过获得反馈、得到鼓励、受到启示,从而迈出改变自己、拓展自己的第一步,这无疑有利于学生社会化的完成。

具体教学内容如下:分不同主题模块开展的长程团体心理辅导,每个团体人数8～12人,可以安排6～8周,每次2小时。

第一单元 环境适应团体:走进新生活;

第二单元 自我成长团体:发现独特的我/自信心训练;

第三单元 生涯规划团体:我的生涯我做主;

第四单元 亲密关系团体:恋爱时节;

第五单元 人际支持团体:凝心聚力在一起;

第六单元 情绪管理团体:调一调心灵的弦;

第七单元 压力管理团体:与压力共处;

第八单元 挫折应对团体:超越逆境/抗逆力提升;

第九单元 面向未来团体:心的起航。

第三节 心理健康教育课程教学改革发展趋势

一、高职心理健康教育课程教学内容的改革

(一)调整课程教学内容理论与实践比例,加大课堂实践教学力度

根据心理健康教育课程的实践性和体验性特点,高职心理健康教育课程教学改革要不断完善心理健康教育的实践环节。在教学过程中应着重培养学生的实践能力,引导学生加强实践训练的次数,最大限度地锻炼自身解决实际问题的能力,使自己能够处理在现实生活情境中遇到的各种问题,并掌握心理调适的方法。课堂实践教学方法多采用情景模拟、案例分析、角色扮演、心理测试、心理微电影、体验式训练等可操作性方法,以增加学生对心理健康教育的理论认同和情感认同,全面提升其心理素养和综合素养。

高职心理健康教育课程改革实践教学内容也可通过学生参与实践活动方式进行,课堂教学和实践活动各占一定学时比例,如课堂教学16个学时,剩余的16个学时通过学生参与实践活动认定相应的学时,实践活动包括心理健康讲座、团体心理辅导训练、户外素质拓展活动、心理剧表演、心理知识竞赛、心理电影赏析、“5·25心理健康节”和“10·10”心理健康课主题教育月

系列活动等，参加活动的学生现场发放实践课学时认定单（每次2～3个学时），累计达到要求方可给予该课程学分。

（二）根据学生需求和时代发展更新心理健康教育课程的教学内容

心理健康教育课程内容的选择要以学生的心理成长需求为首要的考虑因素，要以学生的心理需求为切入点，有效地疏导学生心理问题。在组织教学时，应了解大学生的切实需求，着眼于当下的客观问题，有目的、有计划地对大学生群体开展心理健康教育，解决他们的现实需求。调查显示，当前大学生的心理健康问题主要集中在人际交往、亲子关系、自我情绪、压力挫折应对等方面，因此，要根据学生的实际要求，进行创新和改进课程教学内容的设计，以满足学生的实际需要。根据高职大学生的心理发展存在的问题，心理健康教育课应主要选择学习适应、自我意识、人际交往、恋爱心理、压力管理、情绪管理等教学内容。

高职院校心理健康教育工作的根本任务是提升大学生的心理健康素养，心理健康教育课程改革也要以大学生心理健康素养提升为目标。心理健康素养是个体在促进自身及他人心理健康，应对自身及他人心理疾病方面所养成的知识、态度和行为习惯（江光荣等，2016），它不仅包括对自身的心理健康的重视，能恰当地帮助与求助；同时包括对他人心理健康的重视，能恰当帮助别人应对心理疾病、维护心理健康。当前，面对新形势、新变化，心理健康教育课程应该更接地气，课程内容应该做相应调整，注重大学生使用网络的心理调适、大学生良好家庭关系营造、大学生积极心理品质的培养、常用的保持心理健康的方法、帮助别人获得心理健康的技巧、传统文化中的心理智慧等内容。

（三）开展个性化教育，针对不同年级设置系列化的教育课程

传统的心理健康教育课程内容覆盖面广，但是由于学时数有限，导致授课内容深度不够，对大学生亟待解决的心理问题涉及不多，教学内容缺乏针对不同年级面临的不同心理问题的个性化教育。高职大学生在大学三年中主要分三个时期，第一是新生入学适应期，第二是学习成长期，第三是职业前准备期。教师应该根据大学生所处的不同时期进行相应的心理健康教育，这对于大学生顺利从学校过渡到社会具有重要意义。

大一时期，教师要帮助引导学生进行环境适应，调节自我认识、学习方

式、人际交往、情绪等方面的心理困惑。教师除了教会学生一些专业知识以外,更重要一点是要提高学生的心理能量,多去肯定学生、认可学生,做好学生自我探索、自我认知工作。大二时期,应该是引导学生心理成长很关键的时期,帮助学生提升自我效能感,提高学生人际沟通能力、强化学生的情绪管理。大三时期,是学生即将走向职场的前期准备阶段,学生将从单纯的校园走向复杂的社会,引导学生学会应对各种困难挫折、承受压力,拥有积极的心态追求幸福。心理健康教育课程中教师能传授的、学生能体会的实在很有限,因此可以通过开展讲座、素质拓展活动和心理专题活动来丰富心理教育的内容。

二、心理健康教育课程组织形式的改革

(一)在教学中增加团体心理辅导教学内容及学时

团体心理辅导是通过团体内的人际互动与团体的力量,使学生在共同的活动过程中,彼此观察和领悟,在探讨自我和解决共同问题的过程中,从群体中获得心灵慰藉,获得自信。因此,在心理健康教育课程中可增加一定量的团体心理辅导教学内容及学时,如在自我意识模块中进行自信心训练团体心理辅导、在人际关系模块中进行人际沟通团体心理辅导、在情绪调适模块中进行情绪管理团体心理辅导等。

(二)增设心理素质拓展训练作为心理健康教育课程的补充

心理素质行为训练是通过创设一定的情境,应用心理学原理与方法,对人的生理、心理有意识地施加影响,控制达到预设的训练目标,借以提高心理健康水平,增强身心健康。实践证明训练可以有效地提高人的心理健康水平,增强团队合作意识,完善人格,磨练意志,陶冶情操,开发人的潜能,提高人的心理素质。在心理健康教育课程中可增设两次到三次户外心理素质拓展训练作为补充,心理素质拓展训练可有效促进学生体验学习,帮助培养习得健康行为,能够积淀形成个体必需的基础心理品质,使学生终身受益。

(三)在教学中增加心理情景剧表演的教学内容

心理情景剧是将人们内心的情感无限放大,然后演绎给别人看的情景剧。教学中鼓励学生把发生在自己身上的或身边的人与事以心理情景剧的

形式展现出来，通过参编、参演和观看，达到自我展示、自我启发、自我改变的教育目的。这是一种培养学生自助、自省、自我教育的方式。在心理健康教育课程中每学期可开展一次到两次心理情景剧教学活动。

（四）利用慕课教学资源开展教学

新媒体时代下的心理健康教育课程也必须作出相应的改变，通过新媒体技术来提高教学效果。由于心理健康教育课程课时有限、课程内容较多，挑选优质的、适合学生的网络课程作为课堂教学的补充可以在一定程度上解决内容多、课时少的难题。互联网上有着丰富的教学资源，能够满足不同学习风格和学习需求的学生。网络课程的优点在于名师名课共享，可以反复观看、随时随地学习。学生可以利用课余时间开展自主学习，有助于提升学习效果和达成课程教学目标。常用的网络课程教学平台有学习通、智慧树和中国大学MOOC等，这些平台的构建能够打破传统课堂教学的限制，学生能够通过视频教学来对相关知识进行针对性的学习，通过网络交流来达成对部分知识的深化理解，而平台上的资源库则能够帮助学生拓展知识面，以此更好地提升学习效果。

（五）开展翻转课堂和混合式教学新模式

随着网络教学模式的发展，可以在课堂教学过程中运用翻转课堂、混合式教学等教学模式。翻转课堂利用丰富的信息化资源，让学生逐渐成为学习的主角，教师不再占用课堂的时间来讲授知识，这些知识需要学生在课前自主学习，课后学生自主规划学习内容、学习节奏和呈现知识的方式，教师则以协助指导的角色来帮助学生完成个性化学习。混合式教学融合了传统教学和在线学习的优势，且根据学科特点融合了多元化教学模式和多样化教学方法，心理健康教育课程强调教学过程中的师生互动和启发性、体验性、实操性等教学环节，混合式课程可以实现课堂内外的交互学习，提高大学生维护心理健康的能力。混合式教学是当代教学改革的必然，逐渐成为高职院校常态化教学模式。

第三章 实践活动

高职院校心理健康教育活动作为大学校园文化的重要组成部分,对提高大学生心理健康水平、提升心理素质有重要作用。实践活动是高职院校落实心理育人的关键环节,《高校思想政治工作质量提升工程实施纲要》指出:心理育人要坚持育心与育德相结合,加强人文关怀和心理疏导,深入构建教育教学、实践活动、咨询服务、预防干预、平台保障“五位一体”的心理健康教育工作格局,着力培育师生理性平和、积极向上的健康心态,促进师生心理健康素质与思想道德素质、科学文化素质协调发展。

第一节 心理健康教育实践活动概述

一、心理健康教育实践活动的目标和实施策略

(一)大学生心理健康教育实践活动的目标

开展心理健康教育实践活动,要紧紧围绕服务学生成长成才的目标,从学生实际需求出发,紧扣大学生心理健康教育工作体系,通过实践活动开展宣传普及心理健康知识,增强心理保健意识,提高学生心理品质。第一,内容系统化。从学生的实际需求出发,加强活动策划设计,构建有助于大学生良好心理品质培养的实践活动体系,包含大学生的情绪管理、人际交往、自我意识、恋爱处理、职业生涯规划、生命教育等各个方面,形成系统化的实践活动教育体系。第二,活动持续性。针对大学生在各个阶段容易产生的不同心理问题,科学设计大学生心理健康教育实践活动,切实发挥心理健康教育的预防性和发展性功能,并贯穿学生学习生活中的各个阶段,确保实践活动的持续性。第三,参与全员性。心理健康教育应覆盖全体学生,从新生到毕业生。心理健康教育实践活动的实施应从全员参与的角度出发,调动学生的积极性,达到潜移默化的教育目的。第四,区域全覆盖。心理健康教育实践活动的设计,应该走进大学生日常学习、生活的各个领域,包括校园、班

级、食堂、宿舍、企业、网络等，使心理健康教育涵盖全体学生，植入教育服务理念，提升教育的实效性。

(二)心理健康教育实践活动的实施策略

第一，融入积极心理学理念，提升大学生心理健康教育实践活动质量。实践活动是高职大学生心理健康教育推行积极心理学的最有效形式，因此，任何主题下的教育实践活动都要设法融入积极心理学理念，让学生在活动中深刻地体验到积极情感带来的愉悦心境，进而培养一种积极有效的态度。

第二，打造高素质、多层次、专业化的心理健康教育实践活动队伍，保障实践活动科学、顺利进行。心理健康教育是一项具有很强专业性的工作，要求工作人员具有专业知识背景、丰富的实践经验及较高的自身素质。高职院校应该重视和培养一支高素质、专业化的心理健康教育团队。同时，注重构建多层次的队伍，形成"专职心理教师、辅导员、心理协会干部、二级院系心理部成员、班级心理委员、宿舍心理信息员"的网络队伍，有效保障活动层层落实，避免流于形式或者局限于部分学生。这样既能提升活动的质量，又能扩大教育的覆盖面，从而保证心理健康教育的实效性。

第三，活动设计是集知识性与趣味性、教育性与引导性、系统性与持续性于一体的教育内容。首先，内容要有趣味性，也应有知识性，既来源于日常的大学生活，又带有知识普及性；其次，内容要有教育性和引导性，既调动学生的积极性，又引导学生将心理健康知识与学习和日常生活结合起来；最后，活动内容还要有系统性与持续性，可以设计专题集中型、知识普及型、技能训练型、文艺宣传型、趣味娱乐型的系统性实践教育内容，可以每年定期开展同一内容的活动，解决大学生心理健康教育实践活动模式较少、安排不规范、主观性和随意性较强的问题。

第四，开拓大学生心理健康教育实践活动新途径，拓宽学生自我保健和心理互助的渠道。可通过多种形式提高学生的参与度，充分发挥朋辈的作用，通过同学之间的积极交往、心理互助和有效辅导，最终促进大学生的身心健康发展。首先，编制适合大学生日常学习生活的心理健康知识应用手册，简单、科学、通俗易懂，引导学生自学，从中吸取有利于自身成长的知识。其次，结合当前大学生创造力强、积极活跃的特点，可以通过各类竞赛，融合知识性和趣味性，发挥学生的主体作用，提高学生的参与积极性，关注学生的积极体验。再次,有效利用多媒体等网络平台,将心理健康知识渗透到学生日常学习和生活中。多平台、多途径帮助学生进行有效的自我教育和心理互助,有助于培养学生良好的心理素质。

二、心理健康教育实践活动开展的方法

(一)组织策划

在开展心理健康教育实践活动前,首先要设计活动策划书。一般包括活动目的、活动主题、活动对象、主办单位和承办单位、活动时间和地点、活动内容和流程、前期准备、经费预算等。

(二)宣传准备(利用心理协会和心理委员会)

策划方案做好之后,就要发文通知各院系师生,心理协会开始进行各种准备,包括物资、横幅、海报以及活动需要的工作人员等,也可面向心理委员招募志愿者。

(三)实施开展

根据策划书和活动通知依次开展各项活动,广泛发动学生干部组织进行,做好现场次序维持和活动摄影等工作,结束后撰写活动简报并进行宣传。

(四)活动总结

活动结束后进行必要的总结。

第二节 心理健康教育实践活动的常见类型

一、宣传活动

1.知识宣传

通过编印发放心理健康报、心理刊物、心理健康知识手册(包括新生心理自助手册、精神卫生宣传手册、心理委员培训手册等)向学生普及心理健康卫生知识,增强学生的心理保健意识,提升心理健康知识素养。

2.媒介宣传

通过校园广播、心理健康网站、微信公众号等媒介形式宣传心理健康知

识,增加对心理健康知识的摄入途径,让更多的学生能接收到信息,以此来达到面向全体学生进行心理健康知识普及的目的。

3.心理游园会

心理游园会的目的是提高广大学生心理健康意识,营造积极向上的校园文化,提高大学生心理健康素质,引导大学生在学习和生活中拥有积极乐观的心态,培养大学生良好的团队合作精神,提高大学生的社会适应能力。一般来说,心理游园会设置心理测试区、心理游戏区、心理实验区、心理知识科普区和咨询区五个摊位,向同学进行心理知识和心理现象的科普,减少心理学和心理咨询的神秘感。有多种活动性、趣味性、体验性的项目,也可能组成闯关活动。

二、竞赛活动

1.心理健康知识竞赛

心理健康知识竞赛活动可以丰富大学生课后生活,普及心理健康知识,拓宽大学生知识面,增强大学生对心理方面的了解及关注,提升大学生综合素质。健康、积极地引导学生掌握心理健康知识并用于实践中,让广大学生掌握更多维护心理健康和提高心理素质的方法,加深对心理知识的理解,自觉维护心理健康,帮助大学生树立心理健康意识,优化心理品质,提高心理调适能力和社会生活的适应能力,预防和缓解心理问题。

2.心理征文比赛

心理征文比赛可以宣传和学习心理健康知识,树立心理健康理念,丰富大学生的课余生活,让学生更加关注自身和他人的心理健康,关注心灵成长,感悟心灵,珍爱生命。同时为学生抒发内心、宣泄心情提供了机会,有益于他们的身心健康,也有助于了解学生的内心世界,从而有针对性地开展心理辅导。

3.心理漫画比赛

心理漫画是无形心理状态的外在影像,既是大学生自我探索、自我认知的一种途径,又能诠释心理健康理念,普及心理健康知识。心理漫画比赛鼓励学生站在健康心理学的角度,去观察自己、观察身边的人和事,觉察自身对待生活的态度,感受生活的点滴。

4.园艺贴画比赛

园艺贴画比赛是一种创新宣传活动,引导大学生走进大自然、亲近大自然,利用校园里的枯枝、落叶等大自然的材料,制作一幅反映心理世界的创意贴画。从大自然中获取积极心理能量,感受生命与艺术的融合,感受静心与艺术的魅力,进一步培养大学生的积极心理品质。

5.校园心理情景剧大赛

校园心理情景剧是近年来心理辅导领域出现的一个新生事物,在大学生心理辅导和心理治疗方面发挥了独特和良好的教育作用,是高职院校开展大学生心理健康教育的一种有效的方式。心理情景剧是在心理剧的理论基础之上,从青少年的心理需求出发,以体验为主要途径,通过演绎校园生活中的人和事来减轻学生的心理压力,使学生学会如何应对和正确处理生活中的问题,为学生提供互助的平台。它寓教于剧,让学生在轻松愉快的气氛中学到一些解决心理问题的方法,从而重新审视自己的问题,改善人际关系,获得成长,同时能发动学生从自己的视角思考,提高学生的心理素质,让更多的人关注心理健康,达到自我教育的目的。

6.手语舞比赛

手语舞比赛活动旨在引导学生关注心理健康,弘扬心理文化,更好地展现当代大学生积极进取的精神面貌。学生通过无声手语的展示,引领并带动其他学生共同体悟生命的精彩与感动,达到净化心灵、改善身心健康的目的。手语舞大赛能够丰富校园艺术文化生活,促进学生交流,增强学生的团队意识和提高协作能力,让学生更深刻地了解有关大学生心理方面的知识,提高学生对心理健康的重视。

三、专题讲座

组织学生开展心理健康专题讲座,比如:新生入学心理适应、自我认知、情绪管理、压力管理、时间管理、人际关系、亲子关系、毕业生就业心理调适、挫折应对、生命教育等,帮助学生有效地应对各种心理问题。

四、心理主题班会

心理主题班会是大学生互助式的心理健康教育活动形式,内容丰富,形式灵活,可以采用讲座、座谈、辩论、参观访问、拓展训练、心理剧表演、行为训练、心理活动课等富有特色、学生喜闻乐见的方式进行。一般每月一次心理主题班会,有利于学生对心理健康知识有更好的认识。

五、心理电影沙龙

展播一部心理题材的电影,以培养学生的心理健康意识。很多电影都包含了一定的心理学思想,对于那些对心理学感兴趣、渴望学到心理学知识的学生来讲,心理电影毫无疑问提供了好的情景和个案。通过组织学生观看心理电影,观后进行观影赏析,可以把心理电影中体现的心理学思想及相关专业知识进行剖析,激发学生对心理学的兴趣,丰富学生的心理学知识。

六、户外素质拓展活动

户外素质拓展活动是培养学生的团队协作能力、积极进取拼搏精神的重要手段,它可以丰富学生课后文化生活,增强学生间的交流与沟通,培养学生良好的沟通能力和团队合作精神,发展良好的人际关系,让学生挑战自我,提高克服困难的能力,提升学生的综合能力,促进学生全面发展。

第三节 心理健康教育实践活动特色创新与品牌创建

一、心理健康教育实践活动开展的特色创新

心理健康教育实践活动是一种以实践为主的生动体验,活动的内容和形式在新时期需要不断突破,推陈出新。它要求活动的组织者以合情合理的活动形式与心理健康教育实践相结合,同时从学生的视角紧扣活动主题,提升活动的参与率。通过分析高职院校心理健康教育现状并结合实践经验提出的创新性活动方案,能够在一定程度上丰富校园文化,提升心理育人实效,完善心理健康教育工作。

(一)丰富以互联网为载体的活动形式

随着各种新媒体的出现,传统的心理健康教育实践活动已经不能满足互联网时代的教育模式,需要高职院校更好地利用和掌握新媒体技术,丰富以互联网为载体的心理健康教育活动。由于当代大学生会投入大部分的时间和精力在互联网上,高职院校心理健康教育工作者就要利用好数字化和

新媒体，通过研究各平台的运营方式进行活动创新。比如，通过微信公众号和小程序传播心理小知识、讲述心理小故事、开展心理小测试等，通过一定周期更新的方式不断推送心理知识相关内容，传递给学生阳光积极的心理力量，教给学生处理日常琐事的技巧。

(二)通过艺术表达创新心理健康教育实践活动开展形式

1.心理沙盘表达

心理沙盘游戏是一种运用意象与潜意识的心灵对话，它对人格发展、想象力、创造力的培养以及健康心理维护等发挥着积极的促进作用。团体心理沙盘游戏可有效促进现实人际互动的改善，学会从别人的角度看问题，通过感悟他人的心理，从而促使自己心理成长。

2.绘画心理表达

绘画是潜意识的表达，是无声的语言，也是真实的语言。绘画作为一种天然的表达自我的有效工具，一张画就能透露出一个人的内心世界，通过看画能理解他人，更能读懂自己。团体绘画生动趣味，可促进互相了解，促进相互信任与合作，从而提升沟通能力。

3.心理情景剧

校园心理情景剧是把学生在日常学习、生活等过程中遇到的心理冲突、烦恼、困惑以角色扮演的形式展现在舞台上，并积极有效地解决心理冲突，从而让学生从中体验心理的细微变化，以达到宣泄、释压和心理调节效果。校园心理情景剧主要围绕问题展开，重在通过问题展现人物的心理发展历程。它是一种演绎过程，更是一个分享的过程，通过演绎和分享，能促进当事人和观众共同成长。

4.音乐疗法

音乐疗法是学校心理辅导和心理健康教育的重要手段，对于预防和治疗学生的身心疾病，调适不良情绪，维护身心健康，促进学生的自我表达，开发学生的创新思维和创新能力等具有非常重要的作用。音乐作为一种载体，是情绪的语言，很容易唤醒被隔离的感受和传递个体最深的情绪情感体验，敞开心扉打开“真实”的自己，更容易营造出真诚、信任的辅导氛围，学生在音乐体验的过程中，缓解心理压力，从而达到心理宣泄、心理治疗、心灵沟通等目的。利用音乐疗法工作坊对学生心理压力进行疏导，调节心理压力、情感挫折，降低内心的不稳定情绪，使学生用正确积极的心态面对学习、就业、情感、生活中的各种压力，端正情感态度与价值观，在提升文化素养的同时，提升心理素养，促进学生全面发展。

5.舞动疗法

舞动疗法体验可以将舞动疗法工作坊和专题活动、舞蹈课等相结合，以主题活动来观察学生心理，由群体舞动、游戏、手语舞、交流、总结等内容组成。首先要制定舞动体验坊的训练内容和活动主题，并邀请专业的舞蹈教师和心理咨询师的参与。舞动疗法的体验实践研究活动，可提高大学生的心理健康水平。舞动疗法体验活动的主要意义有以下几点，一是缓解心理压力，调节身心平衡；二是建立自信，懂得健康的意义；三是正确认识事物，树立良好的世界观。

（三）以身体锻炼方式促进心理健康

研究及实践证明，以身体锻炼为主导的行为方式可以有效促进个体的心理健康。适当的身体锻炼可以帮助抑郁症和焦虑症患者减轻病症，中国传统的书法、舞蹈、太极拳等修身养性的锻炼方式也能够发挥强身健体、促进心理健康的功效。因此，在高职院校心理健康教育中，组织学生适当进行户外锻炼活动能够降低学生心理问题的发生率，相应地改善学生心理健康状态。在策划和组织运动锻炼时，要根据学生身体情况和自我意愿，结合具体运动的接受度和趣味性适度开展。运动锻炼的方式可以在团队建设项目、趣味运动会、心理游园会等系列活动中选取并因地制宜改造某些运动量适中、适应性较强且需要团队协作完成的运动项目。在倡导多元化运动锻炼方式的当下，创新性发展趣味运动是提高学生活跃度和参与度的重要举措，只有激发起学生群体的积极性，提升活动反馈的满意度，才能有效实施心理健康教育。①

（四）开展符合青年学生心理特点的实践活动

目前，处在高职院校受教育阶段的大学生群体多是“00后”，这是一群追

---

①王晶，赵贵臣：《高校学生心理健康教育活动的创新性探索》，载《教育教学论坛》2021年第18期。

求自由和个性的年轻人,他们的思想具有独特性、显著性的特征。因此,在开展心理健康教育实践活动时,需要充分考虑学生的需求和喜好,可以通过前期线上问卷调查找到学生的关注点和兴趣点,并让心理协会等干事参与到活动主题的策划和环节的编排中,利用青年学生乐于接受的新形式开展他们感兴趣的主题活动。这样,心理健康教育实践活动会更加彰显青年学生的活力和风采。

二、心理健康教育实践活动开展的品牌创建

探索实践具有一定特色的学生心理健康教育主题活动,引领学校品牌化大学生心理健康主题教育的组织开展,是进一步加强和改进学校心理健康教育工作的重要举措。创建心理健康教育活动品牌需要结合本校实际情况,精心策划主题鲜明、寓教于乐的心理健康教育活动,以“3·25”“5·25”为主线开展实践活动,注重形成品牌效应,成为心理健康教育工作的特色亮点,创造心理活动氛围,活动品牌的打造需要做足做细做实。

(一)心理素质拓展活动

心理素质拓展活动需要进行师资培训和购买拓展训练器材,且根据不同对象和目的设计相应的活动项目。把心理素质拓展活动融入课堂和培训,尤其是对学生干部的培训形成惯例,每年定期举办心理素质拓展比赛,形成品牌活动。

(二)心理健康大讲堂

可聘请校内外心理健康教育专业专家,围绕着全校师生关注或感兴趣的话题设计主题,每月一次或每两周一次均可。举办前要进行调研,了解学生的需求,举办后反馈效果,不断改进更新,一般来说举办两三年就能打造成品牌活动。

(三)心理健康快车

“心理健康快车”活动一般由心理健康教育中心指导、阳光心理协会主办,通过对大一新生以班级为单位进行心理健康朋辈辅导,帮助新生提高人际交往能力,解决学习困惑;同时加强新生班级建设,引导新生更好地适应大学生活。“心理健康快车”活动可分若干主题,如:“适应与蜕变”“新生活新

起点”“沟通与交往”“目标与决策”“挫折与应对”“个性与合作”“心灵的成长”“亲情友情爱情”等,可涵盖大一新生部分班级也可全部(根据情况),开展前需要充分培训主持人,做好精心设计和准备。该活动使学生能够搭乘心理健康快车,在其成长过程中真正感受到心理健康教育的快乐,在开展过程中不断创新,使其成为深受广大学生认可的品牌活动。

(四)心理嘉年华

心理嘉年华是心理游园活动的升华版,活动设计分成三个层面,第一,认知类活动。目标是发展学生智力、创造力和系统思维以及与生俱来的潜力。第二,体验类活动。让参与者的体验扩大到三个层面:内心体验,艺术、美感体验,身体体验。第三,实践类活动。通过实践活动让参与者与社会自然发生真切的联系,在志愿服务中提升个人责任感、集体责任感,在户外活动中,建立与自然的联结。

(五)心理园艺贴画

该活动新颖富有创意,利用校园里的花草、枯枝、落叶等来自大自然的材料,引导大学生从大自然中获取积极心理能量,制作形成反映作者内心特征的创意贴画。心理园艺贴画活动既能加深学生对美的认识,又能以花草树叶为媒,以花草树叶化心,让学生在园艺贴画制作过程中表达内心,疗愈自我。该活动可以个人或团体为单位,通过选题、构图、粘花草树叶、主题分享与寄语等方式让学生与自己的内心对话。活动紧密结合心理艺术表达及绿色环保发展等理念,充分提高了学生对活动的兴趣,多角度增强了学生的心理健康意识,丰富了学生的校园生活,培养了学生的积极心理品质。

第四章 团体心理辅导

团体心理辅导在学校心理健康教育工作中有着特殊地位，是学校心理育人的重要载体。团体心理辅导有着特殊规律和特殊技巧，其操作规范的“心育”功能是其他形式的“心育”载体所难以承担的，它满足了相同年龄段青年共同的心理发展需要。心理健康团体心理辅导也为传输丰富的“心育”内涵开辟了专门的渠道，它涵盖了大学生心理发展过程中方方面面的问题，如自我意识发展、情感情绪调适、人际交往训练、择业就业适应等。它用一个比较充分、集中的辅导时间，围绕一个比较专一的辅导主题对学生进行辅导，为学校“心育”工作开辟了专门的渠道，也为学校“心育”工作提供了广阔的舞台。团体心理辅导为实现学校“心育”的目标提供了课程构架的保证，作为学校“心育”的重要载体，常常融入课程教学、实践活动中，它在提升学生的心理素质、发展学生个性、增加学校教育人性化方面所起的独特作用，是其他“心育”形式所无法完全取代的。

第一节 团体心理辅导概述

一、团体心理辅导的概念和特点

团体心理辅导是在团体情境下进行的一种心理辅导形式，以群体动力学、社会学习理论、人际交互作用分析理论、个人中心治疗理论等为理论基础。具体而言，团体心理辅导是在团体领导者的带领下，团体成员围绕一个或多个共同关心的主题，经由团体内的人际互动，成员之间通过观察、体验、分享、反馈，认识自我、了解他人、改善人际关系，学习新的态度和行为方式以发展良好的生活适应的助人过程。①

1.聚焦正常人的发展

团体心理辅导参加者是正常人群，非病态人群。工作聚焦在帮助成员

①樊富珉，何瑾：《团体心理辅导》，华东师范大学出版社2010年版，第7页。

满足现有需要,并预防不良过程的发生。

2.设定特定的、明确的目标

对于团体心理辅导,设置的目标是非常清楚的,例如,成为更有效的问题解决专家,学习沟通技巧或者防止手机依赖的萌芽。

3.结构性

团体心理辅导过程不是随心所欲的,经常包含了结构化的练习和活动,例如技能训练、角色扮演。

4.价值效率

团体心理辅导的时间是有限的,每次团体成员之间的互动设置时间节点,每次会谈都结构化在团体的整体计划中。

5.增强教育

团体心理辅导为成员提供或讲授有关团体主题相关的信息(例如在压力预防团体中有关压力的信息)。

6.发展生活技能

团体心理辅导力图提高成员的特定技能。每次会谈一般都会注意训练成员的知识获取、实践能力、技能展示和技能学习。例如,在压力预防团体中,成员可能会练习放松的一系列技巧,并学习如何在生活中使用放松来减少压力。

7.产生此时此地的互动

团体心理辅导计划引导成员之间此时此地的互动。他们不集中于单向的信息传输或者完全聚焦技能训练。成员的想法、感受和行为也是非常重要的。

在高职院校开展团体心理辅导具有独特的优势:一是感染力强,影响范围广;二是效率高,省时省力;三是效果容易巩固。

二、团体心理辅导的功能和类型

(一)团体心理辅导的功能

团体心理辅导的功能包括危机预防功能、心理治疗功能以及教育教学功能。危机预防功能:在团体心理辅导中的团队成员,经过相互交流,可以充分进行自我认识，及时发现自身的问题，并采取相应的措施。心理治疗功能：由于团体心理辅导设置的情景与学生日常生活接触的情景相类似，所以团体心理辅导可以收到良好的治疗效果。教育教学功能：教学内容可以通过团体心理辅导形象生动地传递给学生，由此，学生的学习积极性高涨，学习效率不断提高。

在心理健康教育中运用团体心理辅导，可以帮助学生认识自身潜能，增强自信心，改善自身形象，使同辈群体的力量得到积极的增长和发展，克服心理惰性；可以帮助学生改善人际关系，让学生之间融洽合作，共同进步；可以增进集体参与意识与责任心。团体心理辅导适用于自卑心理、自我效能感、自我接纳、考试焦虑、同伴关系、心理压力、适应问题、人际交往、自我认同、网络成瘾等问题，实践结果表明团体心理辅导具有良好的干预效果。总之，团体心理辅导可以促进学生快乐、健康成长。

（二）团体心理辅导的类型

根据不同的分类依据，团体心理辅导可分为不同类型的团体。根据团体目标可以分为心理教育团体、心理咨询团体和心理治疗团体；根据团体成员的特点可分为同质性团体和异质性团体；根据团体活动形式分为结构式团体、非结构式团体和半结构式团体；根据团体开放程度分为开放式团体和封闭式团体；根据团体心理辅导所依据的理论又可分为心理分析团体、行为主义团体、当事人中心团体和理性情绪团体等。

高职大学生常见的团体心理辅导多为心理教育团体、同质性团体、结构式团体、封闭式团体，且除了正规招募的团体外，通常还采用班级心理课、主题班会或心理训练形式进行。团体心理辅导的主题内容涉及新生适应、人际交往、自信心提升、情绪管理、压力管理、恋爱成长、生涯规划等。

三、团体心理辅导的一般过程和常用技术

（一）团体心理辅导的一般过程

完整的团体心理辅导须经历创始阶段、过渡阶段、工作阶段和结束阶段。在团体创始阶段，团体心理辅导的任务包括团体热身、介绍活动、澄清目标等，目的是使成员彼此认识、试探，建立团体基本规范；团体过渡阶段促进团体成员彼此信任、建立联结，鼓励成员表达和处理冲突情绪，打破心理防卫；团体工作阶段进一步增强团体凝聚力，围绕辅导主题激发成员思考，

引发团体成员讨论，通过团体合作，寻找解决对策，鼓励成员在团体中学习并获得最大收益；团体结束阶段回顾与总结团体经验，评价成员的成长和变化，对成员个人作出评估，鼓励成员将团体中的学习成果应用于生活。

（二）团体心理辅导的常用技术

团体心理辅导技术是对团体带领者为了达成团体目标，发展团体动力，促进团体成员互动，提升学习效率，适时地采用的方法、态度、策略或手段的总称。在团体心理辅导过程中会涉及许多技术，既有个体辅导的技术，比如倾听、同感、复述、反映、澄清、总结、解释、支持、询问、对质与自我表露等，也有团体心理辅导特有的技术，比如连结、促进等。一个团体领导者在团体中所做的任何事情都可以视为技术，包括沉默、邀请成员处理一次冲突、给予成员反馈、布置家庭作业等。

根据不同阶段，可把团体心理辅导的基本技术归纳为三类：反应技能、互动技能和行动技能。

1.反应技能

反应技能本质上是回应，常用于团体的创始阶段，包括积极倾听、反映、复述、澄清、总结、追随、扫视等技术。

（1）积极倾听

倾听是团体带领者的基本功。带领者要注意成员交流中言语和非言语的信息，不去评判或评价。通过训练和使用倾听技术，能够促进成员充分被理解，鼓励成员自我暴露和自我探索。

（2）反映

反映是指带领者用心去关注团体成员的感受，包括表情、动作、语调等非语言行为，并像镜子一样通过自己的语言、动作和表情反映团体成员的信息，让成员体会到他们的处境、感受和行为被带领者理解和接纳。

（3）复述

复述是指带领者用与参与者略有不同的语言重新阐释其意义，以确定是否正确理解参与者的表述，目的是提供支持和进行澄清。

（4）澄清

澄清是指带领者针对成员表达不清楚的或混淆的地方，通过关注成员表达的核心信息简化其陈述，将所传达的信息变成有意义的理解，帮助成员厘清困惑。

(5)总结

总结是指带领者在团体完成某个主题或即将结束练习时,简要地概括团体心理辅导过程中发生的事情,从而使成员加深对本次团体心理辅导的认识,形成整体印象,为团体心理辅导指明方向,提供连贯性和意义性。

(6)追随

追随是让话题持续,眼神接触等表明对说话人的兴趣和注意。追随可让一个话题聚焦或者流转。

(7)扫视

当一个成员在发言时,带领者需用视线扫视其他成员,观察他们的行动和反应。扫视可将没有说话的成员纳入带领者的视野中,帮助带领者在个别成员成为焦点时,与其他成员保持联结。

2.互动技能

互动技能本质上是一种控制和引导,可用于过渡阶段、工作阶段和结束阶段,包括调和、解释、联结、阻断、支持、限制、保护等技术。

(1)调和

调和是控制团体互动的管理技术,让所有的声音都有机会发出来,尤其是处于被压制时,可加以支持。确保所有意见、观点和情感得以公平传播,用于保持团体内的公平、平等。

(2)解释

对成员的行为感受和思考提供可能的解释,鼓励更深层次的自我探索,为团体成员思考和理解自己的行为提供新的视角。

(3)联结

联结是将个体成员沟通中的共同因素联系在一起。联结帮助成员更加认同彼此,通过对比两者的观点发现不同,探索差异和潜在动力,促进团体的整体凝聚。

(4)阻断

阻断是对团体中的反团体行为进行干预,防止不理想、不符合伦理或者不恰当的行为,保护成员,促进团体活动顺利进行。

(5)支持

支持是提供鼓励和强化。旨在营造一种氛围,鼓励成员继续保持期望的行为。当成员面临困难时提供帮助。

(6)限制

限制是明确界限、规定、结构或者方向。目的是限制团体成员互动的范围,防止侵犯团体成员权利甚至导致过度或偏离的行为。

(7)保护

保护成员免受团体中不必要的心理伤害。警告成员参与团体可能存在的风险,并尽量降低这些风险。

3.行动技能

(1)提问

团体带领者还会对成员表达的一些重要信息提出询问,以了解更详细的信息,促使成员进一步表达。提问有开放式提问和封闭式提问,一般以开放式提问为好,因为这种提问可以获得更多的信息,引发进一步讨论。

(2)重构

重构是帮助成员扩展对事件、话题或者问题的看法。目标是消除阻碍,获得新的意义、观点或者解决办法。

(3)探索

探索是在外在力量指引下,更加深入他们自己的内心。目的是深入探索个人的问题或者观点。

(4)面质

面质是挑战参与者去回顾自己的有关语言和行为,或身体和话语交流的差异;指出冲突的信号或内容。面质中鼓励诚实的自我调查,促进充分利用各种潜力,以此产生自相矛盾的意识。

(5)设定基调

设定基调是建立会谈的情绪基调,以调整成员的情绪状态及团体氛围,有利于改变团体心态。

(6)个人分享

个人分享是团体带领者的自我暴露,是在适当的时候有意识地分享与团体主题或者此时此刻成员关注问题有关的个人经验、感受和观点,以促进团体成员自我认识或促进其更深入地探索自我,目的是帮助成员进一步表达,营造良好的团体气氛,提升成员示范性学习的效果。

(7)示范

示范是指在团体心理辅导中,团体带领者作为成员学习的榜样,通过行动自觉展示对团体适合的行为,比如平等、公正、热情、亲切、尊重,这样能促进成员习得更多对团体有利的行为,激发团体成员发挥其功能。

第二节 团体心理辅导方案的设计

一、团体心理辅导方案设计的内容

团体心理辅导方案设计是指运用团体动力学及团体心理辅导的专业知识,有系统地将一连串的团体活动或练习,根据目标加以设计、组织、规划,以便领导者带领成员在团体内活动,实现团体心理辅导目标。一个良好完备的团体心理辅导方案设计应大致包括以下内容:团体名称、团体性质、团体目标、理论依据、团体领导者、团体对象、团体规模、团体时间、活动次数、活动场地、团体计划书、团体效果的评估等。

(1)团体名称:用于体现团体心理辅导的主题和目的。团体名称可以分成"宣传名称"和"学术名称"。宣传名称应该尽量新颖、生动,具有吸引力,尽量用正面词语,切忌用负面词语。如培养学生干部组织管理能力的"领导才能训练营",克服考试焦虑的"轻轻松松进考场",等等。

(2)团体性质:用于明确团体的各项性质,包括:团体是半结构式还是结构式的团体,是教育性、发展性、训练性还是咨询性、治疗性的团体,是开放式还是封闭式团体,是同质团体还是异质团体等。

(3)团体目标:用于指导团体心理辅导的开展方向,主要依据团体心理辅导目的和主题设置。团体心理辅导目标分为总目标、阶段目标和练习目标。总目标是团体心理辅导的主旨方向,阶段目标是根据团体发展的历程而设定的步骤性目标,因此当团体处于不同阶段时可能会有不同的阶段目标,而练习目标是指每一个团体练习所要实现的具体目标。

(4)团体设计的理论依据:理论依据使得团体练习和团体过程能够有内在的逻辑联系,有理论支持的团体心理辅导能够更好地发挥作用,这是方案设计的关键。因此,在活动方案的设计中应遵循某个心理理论,团体心理辅导的主要理论很多,比如以人为中心理论学派、心理分析学派、行为治疗学派、认知行为学派、沟通分析学派、积极心理学派等。

(5)团体领导者:用于明确团体带领人的身份等信息。团体心理辅导方案中需要说明团体带领者和协同带领者是谁,他们的专业学术背景、带领团体经验等。在有条件的情况下还可以请团体经验丰富的专家为督导者,或者请同行或初学者为观察员,为团体带领者提供客观的反馈,以协助领导者更好地带领团体。

(6)团体对象与规模:用于规定团体成员的特征、类型以及人数等信息。团体心理辅导方案中需要明确说明团体招募的成员类型,比如性别、年龄、职业身份、学历、问题性质、目标等。团体成员的特点会直接影响团体方案和练习的设计。此外,还需要规定参加团体的人数以及后续的甄选方式。

(7)活动设置:包括活动次数、频率、单次活动持续时间以及活动场地等。设计团体心理辅导方案必须考虑团体心理辅导的时间次数,具体包括团体心理辅导计划的总时长是多少,团体需要进行多少次,每次聚会时间是多长,两次聚会时间间隔多久,团体进行中途是否需要休息等。在聚会次数上,团体心理辅导可以是单次的训练性工作坊,或3次到10次的短程团体,也可以是15次以上的长程团体,根据团体的性质和目标各有不同。针对不同年龄段的成员,每次团体聚会持续的时间也有所不同。团体会面的时间尽量不要打乱成员的常规生活时间,要考虑成员的年龄、生活习惯。通常,大学生团体心理辅导每周开展一次,每次2小时为宜。

团体心理辅导方案也需要考虑团体心理辅导开展的地点。团体心理辅导场所需要确保成员在没有干扰的情况下,能够集中注意力互动。因此方案设计者应该考虑到团体场所的舒适性、保密性、功能性、互动性、非干扰性。房间首先应该通风,温度、亮度合适,色彩和家具布置整洁温馨,以使成员情绪稳定和放松;为保护成员隐私,团体心理辅导室的窗户玻璃最好透光不透明,使团体成员有安全感。同时,为了保证团体心理辅导时不受外界干扰,团体心理辅导室还需要注意隔音等问题。

(8)团体计划书:需要说明整个团体心理辅导的流程以及每次团体心理辅导会面的具体练习,通常可以用简表的方式列出每次团体心理辅导活动的名称、目标、活动内容、花费的时间长短、需要准备的道具等。

(9)团体评估方法:用于检验团体心理辅导的效果如何,团体心理辅导的效果可以用测验量表、成员自陈报告、领导者观察等方法来评估。团体评估可以在团体过程中进行,也可以在团体心理辅导结束后总体进行评估。评估者可以是带领者,也可以是团体成员,还可以是督导者或者观察员。评估的指标包括成员的收获与成长、团体目标是否实现、团体成员互动情况等。

(10)其他。除了上述内容外,团体心理辅导方案还可以说明其他需要补充的信息,比如引用的文献或参考方案,以及团体心理辅导练习需要用到的材料和经费预算等。

一份结构严谨、要素充分、活动内容适宜的团体心理辅导方案不仅有助于领导者准确把握团体活动进程,而且有助于团体成员从活动中获益。因此,在设计团体心理辅导方案时,领导者可以结合自己的特质、风格、能力,以及团体成员的特质和辅导主题等,设计一份切合实际、具体可行、贴合目标的团体心理辅导方案。

二、团体心理辅导方案设计的步骤

(一)了解服务对象的心理需要

在开展团体心理辅导之前,必须先了解大学生对团体心理辅导的心理需求是什么,团体方案设计者可以通过观察、问卷调查、访谈、心理测验等方法,了解大学生的主要问题,需要哪些辅导和帮助等。

(二)确定团体的性质、主题与目标

在明确大学生特点和需求的基础上,团体方案设计者应针对大学生的主要需求确定团体心理辅导的主题,围绕主题确定希望达成的总目标,并弄清总目标可以拆分为哪些子目标和阶段目标;团体心理辅导能够开展的时间和频次,以及哪种类型的团体心理辅导最能给大学生带来帮助。

(三)搜集相关文献或已有方案

当团体心理辅导方案设计者确定了团体性质和目标后,就要通过查找相关资料、阅读书籍和杂志等方式,为团体设计寻找充分的理论支持。同时,也要了解和搜集同类团体是否有前人带领过,是否有可借鉴的方案和可吸取的经验,有哪些需要注意避免的问题等。

(四)规划团体心理辅导整体框架

根据制定好的团体心理辅导目标和成员的需求规划团体心理辅导整体框架。整体框架需要包含每阶段的团体心理辅导目标和相应的过程计划,根据该目标和计划,再整理出每次团体心理辅导的单元目标和主要练习流

程。无论是总体计划、阶段计划还是每次团体会面的练习设计，都需要与相应的目标吻合，并保持内部逻辑联系。

（五）安排每次团体心理辅导练习

在规划好团体心理辅导的整体框架后，团体带领者应详细计划和认真安排每次的团体心理辅导练习，设计具体的练习和进行流程，完成团体练习单元计划表。每一次团体心理辅导通常可以分成开始（热身练习）、中间（主要练习）和结束（结束练习）三个部分。

1.热身练习

通常每次辅导可用15～20分钟来做热身练习。目的是为团体心理辅导开场打破僵局；促使成员进入团体增加团体凝聚力；增进成员彼此互动，为主要活动做准备。

2.主要练习

这是团体心理辅导的核心活动，是关系团体目标是否达成的关键。应按照团体内容目标而设计，以促使成员深入讨论。一般常用的练习有绘画、角色扮演、纸笔练习和讨论等。

3.结束练习

结束前5～10分钟，为该次团体进行总结；让成员分享心得体会；预告下次团体的主题；布置作业，巩固成员在团体中所学的知识。

（六）团体带领前、带领中、结束后的评估及修正

在具体团体心理辅导方案实施前、中、后，都要通过不同方式对其进行评估和修正。在团体带领前，可以先请同行或督导者评估方案的可行性，认真思考究竟此团体心理辅导方案带给成员何种感受、何种经验、何种认知，对个人及团体有哪些益处。针对上述问题通过与同行探讨交流、激发思考，可以使设计的方案与练习得到确认和支持，为有效实施奠定基础。也可以先行组成一次实验性小团体试用一次，根据试用结果加以修改完善。团体带领中，带领者也要随时评估团体效果和进展状况，及时修正和调整团体心理辅导方案。在团体心理辅导结束后，带领者应通过多种评估方式考察团体方案的有效性，必要的话，可以对团体方案做最后的修订，以备将来推广使用。

三、团体心理辅导练习的设计

团体心理辅导练习一般是在结构式的练习中，也称团体练习、团体习作、团体活动，是针对团体成员的需要、个人行为、建设性反馈、过程作用和心理的整合而设计的演练性活动，是一种经历性的感受体验。

（一）团体心理辅导练习常见的形式

1.音乐表达：常表现为歌曲与语操，经典的团体心理辅导音乐有《感恩的心》《从头再来》《真心英雄》《阳光总在风雨后》《我真的很不错》《相亲相爱》《同一首歌》等。

2.绘画表达：图画接力赛、自画像、家庭金缸、我的墨迹故事、人生绘本、突破困境、希望曼陀罗等。

3.游戏活动：团体沙盘、团队合作游戏（同舟共济、心有千千结）、人际沟通游戏（有缘千里来相会、哑口无言、糖葫芦串、单双向沟通、胸卡设计、红色轰炸、棒打无情、真情告白）等。

4.纸笔练习：我的五样、时间馅饼、压力圈图等。

5.角色扮演：信任之旅（盲人&拐棍一起走）、心理情景剧等。

6.拍卖练习：家庭事业超市、人生价值观拍卖。

7.行为训练：放松练习、正念练习。

8.幻游技术：生涯幻游、六岛环游。

9.媒体运用：影视作品。

（二）设计练习活动需要考虑的因素

1.年龄层次：低龄设计动态活动；高龄设计静态讨论。

2.性别分布：同性别设计肢体活动；两性分享。

3.同质异质：同质适合情感性持续性活动，异性适合多元化设计。

4.性格特点：外向适合多元化活动，内向适合催化性。

5.学历层次：高层次适合认知性学习性活动，低层次适合技能性训练性活动。

（三）团体各个发展阶段的设计重点

1.创始阶段

创始阶段可设计无压力状态下的互相认识活动，澄清成员期望，拟定团体契约与规范，进行初步的、公开的自我表露活动。这一阶段可用的练习有：相识游戏(滚雪球、寻找我的那一半、表达性连环自我介绍、自制名片等)、热身游戏(手动操、大风吹、相似圈、光谱测量等)、制定团体规范(签署、小组讨论、海报呈现)、分组(报数分组、生日分组、工龄分组、抓阄分组、爱好分组)。

2.过渡阶段

过渡阶段可设计一些成员激发成员真诚开放的活动，让成员在团体中分享感受，促进自我表露，增进团体信任，催化团体动力等。这一阶段可用的练习有：我喜欢的人、三个最、风中劲草、团体温度计、同舟共济、你我之间、突围闯关等。

3.工作阶段

工作阶段可设计引发成员深层次的自我表露、引发成员间正向／负向的反馈、探讨个人问题及促进改变行为的活动。这一阶段可用的练习通常有：自我探索(自画像、我的五样、生命线等)、人际互动(信任之旅、角色扮演等)、积极反馈(红色轰炸、漂流求助信等)、问题解决(头脑风暴、问题树等)。

4.结束阶段

结束阶段可设计引发成员中层或表层的自我表露的练习，这一阶段的活动主要是成员回顾团体经验、彼此给予和接受反馈、自我评估进步程度和团体的进行状况、处理离开团体的情绪和未完成事项等。这一阶段可用的练习通常有：赠送心意卡、真情告白、留住你的心、水晶球、未来同学会、互送祝福卡、大团圆、总结会等。

第三节 团体心理辅导的组织实施

一、团体心理辅导前的准备工作

(一)拟定团体心理辅导目标团体中运用练习可以达到的目标

第一，促进团体讨论和成员参与；第二，使团体聚焦，注意力集中；第三，使团体的焦点改变、转移；第四，提供一个经验性学习的机会；第五，为团体成员提供有用的资料；第六，增加团体的舒适度；第七，为团体成员提供乐趣和轻松愉悦的体验。

(二)设计团体心理辅导方案(编制团体方案计划书)

包括团体时间的长短(单次或多次,每次的时间)、评估方式、经费预算等。

1.团体方案设计内容说明

团体名称、团体目标、团体对象、团体性质、领导者。

2.每次团体的设计框架

(1)热身活动:为团体开场打破僵局;促使成员进入团体增加团体,凝聚力;促进成员彼此互动,为主要活动做准备。

(2)主要活动:是团体的核心活动,关系团体目标是否达成,按照团体的目标而设计。

(3)结束活动:结束前5~10分钟,为该次团体进行总结;让成员分享心得与巩固所学;预告下次团体的主题;布置家庭作业。

(三)确定参加成员和团体的规模(参加者和人数、封闭还是开放、异质还是同质)

1.成员招募:多种来源

(1)宣传招募:成员自愿报名参加。

(2)班级辅导:辅导员或班主任转介而来。

(3)咨询辅导:心理咨询师选择平时咨询中有共同问题的人,建议他们报名参加。

(4)课程安排:在心理健康课、生涯规划课中引入团体心理辅导方式进行授课。

2.评估和甄选团体成员

(1)目的

了解团体成员的适合性(与团体目标一致者、不会阻碍团体过程、不被领导者损害)、提供团体讯息给团体成员、建立领导者、团体成员的个别关系;成员参加的目的,想从团体中获得什么,是否了解团体的目的和性质,希望知道领导者的哪些信息等。

(2)考虑因素甄选团体成员时需要考虑成员性别、成员背景、知识能力水平、行为表现、同质性程度等因素。

(3)方法以直接接触可能者为优先考虑,如面谈,还可以开展问卷调查选拔。

(4)结果选出合适或不合适的成员,优先选择自愿参加者、成长动机强、与他人易相处、具有一般表达能力、参与目的与团体性质符合等条件的成员。

(四)安排团体心理辅导场地(场地的布置、陈设、座位安排等)

为了配合团体心理辅导的练习和功能,团体心理辅导场地需备有录像、录音设施,以及白板等。此外,为了便于成员交流和互动,座位以圆形布置为好,以方便彼此能看见和听见;房间要有足够的练习空间让成员随意走动和练习身体,避免在成员之间摆设桌椅、花木等妨碍成员练习的物品。

(五)组织团体前的预备会议

团体心理辅导方案及各方面的准备就绪后,可组织一次团体前的预备会议,让参与成员知晓团体活动的要求、流程及注意事项,也可了解一下成员的需求和建议,这样在活动进行时可以做灵活调整,保证团体心理辅导发挥较大作用。

二、团体心理辅导实施过程及任务

(一)团体心理辅导实施过程

1.开始阶段40分钟

(1)带领者自我介绍。

(2)说明团体目标。

(3)介绍团体规则。

(4)签署团体规范承诺。

(5)破冰:热身游戏。

(6)分组:彼此相识。

2.工作阶段70分钟

开展主体练习活动2～3个。

3.结束阶段10分钟

(1)成员每人总结:时间紧,每个人一句话或一个词就可以了。

(2)带领者总结:结束团体。

(二)团体心理辅导实施过程各阶段的特征及任务

团体心理辅导实施过程:任何一个团体心理辅导与咨询都会经历一个启动、过渡、成熟、结束的过程。在整个团体过程中,每一个阶段都是连续的、相互影响的。作为一个胜任的团体领导者,必须对团体的各发展阶段的特征和可能出现的问题有所了解,明确各阶段的任务和常用技术,才能把握住团体,有效地开展团体心理辅导活动。

1.团体初创阶段

(1)特征

①想认识别人。②成员冒险水平较低。③成员关心他们被接受还是被排斥。④可能出现沉默和尴尬的时刻。⑤安全和信任是一个核心问题。

(2)领导者的职责与任务

①清晰地说明团体心理辅导的目标。②使成员尽快相识,建立安全感和信任感。③签订团体契约,制定团体规则规范,重申保密的重要性。④开放性地处理成员关心的问题和疑问。⑤鼓励成员投入团体,积极促进成员互动。

(3)技术方法

①相识:可通过按摩操、自我介绍、互相介绍等方法开启成员对团体的信任。②分组:报数随机组合、抓阄随机组合、同类组合、分层随机组合、内外圈组合、活动随机组合法等。③让成员参与团体的技术:通过一些原则协助推动成员准备从团体中获得最大收获,比如,主动积极地参与并表达自己;倾听、关心别人并给予适当反馈;合理、肯定但不具有攻击性地表达情绪;不时反思团体行为是否有助于促进团体目标实现;每一位成员都具有领导团体的责任等。

(4)可能出现的问题及处理

①成员可能被动等待,领导者运用支持、倾听、澄清、提问等技术,采用一些轻松认识的活动,打破僵局,促进成员参与进来。②成员对团体表现出

抗拒,领导者要运用接纳和理解的态度减轻他们的不安和猜疑。③成员对团体认识模糊,领导者需明确团体的宗旨以消除成员的误会。

2.团体工作阶段

这一阶段是团体心理辅导的关键时期。团体成员最主要的需求是利用团体了解共同的困扰,或者解决自己的问题。团体发展到这个阶段,团体凝聚力和信任感形成。成员有安全感、归属感,互相接纳,互诉衷肠,开放自我,表达出更多的个人信息及其生活中的问题,并愿意探索问题和解决问题。

(1)特征

①成员彼此信任和凝聚力高。②成员之间的交流直接而又自如。③团体的沟通是公开的,能表达自己的真实感受;成员愿意冒险,愿意被他人了解。④将自己的主题带到团体中讨论反馈不会再引起成员的抵触。⑤成员有勇气愿意尝试新的行为。

(2)团体领导者的职责与任务

①促进团体成员互动。②引发团体成员之间的讨论。③在支持和面质中取得平衡。④通过团体合作寻求解决对策。⑤鼓励成员从团体中学习并获得最大收益。⑥评估成员对团体的兴趣与投入的程度。

(3)技术方法

①引导参与技术:鼓励并提供每一个成员参与团体活动的机会,刺激成员思考、沟通,并确定解决问题的行动。②解决问题技术:正确评估外部环境的变化,积极作出符合自己人生目标和价值观的抉择,减轻个人因在生活中遇到的问题而产生的心理压力。③团体讨论方法:圆桌式讨论、分组讨论、论坛式讨论、辩论式讨论、脑力激荡法、世界咖啡研讨等。④角色扮演技术:说明情境、成员自愿选择角色、即兴表演、观众做明智的观察、表演结束共同讨论、重演或换人表演、互换角色、进行总结。⑤行为训练技术:选择并描述情境、确定训练目标、领导者示范、正式训练、综合评估。

(4)可能出现的问题及处理

①无法忍受不一致的意见,领导者需要重申开放、包容、非评判的态度对待成员的发言。②回避相互挑战,领导者要善于鼓励大家,善意温和地修正成员的个人问题。③不在团体外采取行动,领导者督促成员将团体中学到的有效行为迁移到日常生活中去。

3.团体结束阶段

(1)特征

①面对结束可能会出现一些不舍和焦虑的情绪。②团体中对分离存在一些担心。③成员可能会表达他们的担心、希望以及对彼此的关心,可能会谈到团体结束后的关系。④成员希望总结在团体中的收获。⑤成员希望将团体经历带到日常生活中。

(2)领导者的职责与任务

①回顾与总结团体经验。②评价成员的成长与变化,提出希望。③协助成员对团体经历作出个人的评估。④鼓励成员表达对团体结束的个人感受。⑤让全体成员共同商议如何面对及处理已建立的关系。⑥提供机会让成员彼此提出建设性的反馈。⑦对团体心理辅导与咨询的效果作出评估。⑧检查团体中未解决的问题。⑨帮助成员把团体中的转变应用于生活中。⑩计划团体结束后的追踪调查。

(3)技术方法

①预告团体结束技术:让成员提早做好结束和分离的心理准备,尽早处理未完成的问题。②团体历程结束技术:领导者带领成员回顾团体历程,成员用一句话总结自己在团体中的感受,成员互赠礼物、互相道别和祝福,展望未来,巩固团体心理辅导的效果,如我的计划、行动等。③采用团体活动结束:带领成员做大团圆、化妆舞会、茶话会、联欢会等活动。

(4)可能出现的问题及处理

①团体非正常结束,领导者必须尽量考虑周到,防止团体突然结束给成员带来新问题。②成员避免相互接近,领导者应进行适当处理,保证达到团体和个人目标。③团体经验无法应用到现实生活,领导者要鼓励成员离开团体后继续保持团体中的改变。

三、团体心理辅导成效的评估

(一)团体心理辅导结束时评估的内容

团体心理辅导目标是否达到?

团体成员反应是否良好?

团体工作方法是否正确?

团体成员合作是否充分?

团体方案有无改善之处?

(二)团体心理辅导效果的评估方法

1.团体领导者自我评估

团体领导者自我评估可以在每次会面结束时进行,也可以在团体结束时进行。一般常用的评估题目有:

我是否严格遵循团体的计划?

我对自己的领导行为满意程度有多大?

我能在多大程度上满足成员个体的需要?

团体过程中是否出现未曾计划或预期的事情?

团体过程中有哪些地方可以改善?

2.心理测量

自编问卷或量表;

标准心理测量量表;

团体成员自我改变主观报告团体过程;

结束焦点团体访谈行为记录分析;

社会测量法(行动的评估)。

3.对团体成员的调查

你从该团体的经验中获得的最重要的东西是什么?

团体心理辅导中哪项活动、讨论或话题让你印象最深刻?

你喜欢团体的哪些地方?

你不喜欢团体的哪些地方?

你对领导者带领团体的方法有什么意见?

团体经验对你个人的生活有哪些影响?

除了上述三种主要方法外,还可以通过团体成员的日记、自我报告,领导者的工作日志、观察记录、录像录音等方法来评估团体的发展和效果。

第五章 心理咨询

心理咨询是高职院校心理健康教育工作的重要组成部分，在呵护大学生心理健康、引导大学生健康成长中起到了至关重要的作用。因此，高职院校应该进一步强化咨询服务，提升当代高职院校心理咨询的工作水平，向学生提供经常、及时、有效的心理健康指导与咨询服务。

第一节 高职院校心理咨询概述

一、高职院校心理咨询的特征和功能

心理咨询是专业咨询人员运用心理学的理论、方法和技术，帮助来访学生排除心理障碍，发展个人潜能、提高其社会适应能力、增进心理健康的过程。高职院校心理咨询不同于社会上的心理咨询，比较严格正规，高职院校是一种育人的场所，秉持服务理念，更加侧重于心理辅导，而且比较注重学生的心理安全。高职院校心理咨询有以下几个突出特征：第一，心理咨询服务于学生的健康成长，为学生提供免费咨询。学校心理咨询场所给学生提供一个温馨的氛围，心理咨询师为学生提供暖心贴心的咨询服务。第二，多为发展性咨询。高职院校心理咨询常常是帮助学生解决在学习、交往和恋爱等方面遇到的问题和困扰，侧重于心理健康辅导，坚持预防大于治疗的原则。第三，多为短程辅导咨询。心理咨询的目的主要是解决学生当前的心理困扰，强调如何解决问题，并且以正向的、朝向未来的、朝向目标的积极态度促使改变的发生。第四，心理咨询中灌输心理教育，给来访学生提供辅导建议，帮助他解决心理困扰和提升个人素质，有时还与思想教育结合，纠正其不良信念和行为。第五，注重预防，保障生命安全，避免心理风险。学校心理咨询注重预防高于发展的原则，常采用姑息疗法，控制不良事件发生，稳定来访学生的情绪行为是咨询的首要任务，其次才是长期的个人成长。第六，各方力量协同配合。学校心理咨询中尤其是学生出现心理危机时，心理咨询往往与系部领导、辅导员、家长和精神科医生等协同工作，以帮助来

访学生安全度过心理危机。

心理咨询是增进心理健康、防治心理疾病的重要措施，是心理教育的重要组成部分。高职院校心理咨询不仅是针对大学生中少数有心理疾病的学生，更是为了塑造全体大学生良好的人格，发掘潜力，帮助大学生更加全面、健康地发展。实践已证明：心理咨询可以帮助大学生实现有效的调节，扬长避短，提高心理素质，对于维护大学生心理健康具有非常重要的作用，具体有以下几种功能。

1.心理咨询可以为来访学生提供一种新的学习经验和机会。通过与咨询员的交流，体验新感觉，学习新经验，纠正不适应的行为，为来访学生更加有效地面对现实提供了机会，使他们更全面、更客观地认识自己和现实，采取积极的方式去面对现实。

2.心理咨询可以纠正来访学生的某些错误观念。通过心理咨询，帮助来访学生以更准确的观念取代原有的某些错误观念，从而获得适应社会的行为。

3.心理咨询可以深化来访学生对自身的认识。心理咨询员可以引导来访学生去发现真实的自我，从而根据自己的心理状况设计自己的行为，获得实实在在的成长。

4.心理咨询可以提供一种建立新型人际关系的机会。在心理咨询中，咨访双方彼此信任，充满安全感，平等参与，可降低来访学生的心理防御反应，形成一种和谐的咨访氛围。

5.心理咨询可以帮助人们认识到自身问题的很大一部分是由于尚未解决的内部冲突，而不是外界的影响造成的。这是更为重要的功能。只有解决了自己的内部冲突，才能解决问题并获得成长。

二、高职院校心理咨询的设置与形式

（一）高职院校心理咨询的设置

在高职院校中，心理咨询扮演着非常重要的角色，是高职院校心理健康教育工作的重要组成部分，遵守专业设置并符合专业规范是发挥心理咨询专业效能的基础保障。心理咨询中的设置是指咨询中的各个环节、咨询技术、咨询环境、咨访关系、咨询收费、咨询保密等与咨询效果相关的基本状况。心理咨询作为一种专业化的助人活动，与一般的人际帮助活动的不同之处在于心理咨询的场景是一个非自然的、“人工的”的场景。这样一个场景是通过特定的设置构成的。心理咨询设置是用来保证和促使咨询向有利于来访学生成长的方向发展,更好地帮助来访学生解决问题。

1.咨询机构与环境场地设置

完备的高职院校心理咨询机构设置一般包括预约接待室、心理测评室、个体咨询室、团体心理辅导室、情绪宣泄室、身心反馈室、沙盘交流室、档案室、咨询师工作室、咨询督导室、会议室、办公室等,配备必要的办公设备、心理健康类书籍、心理测量工具、统计分析软件等。在心理咨询室位置选择上,要充分考虑对来访学生的影响,尽量安排在既方便学生咨询同时又尽可能打消学生顾虑的位置。作为个案咨询辅导的主要场所,心理咨询室要设置一个独立的、封闭的空间,约12平方米,太大不安全,太小容易引起来访学生的压迫感;环境布置要求安全、宁静、温馨,以降低来访学生的心理防卫和抵触情绪,提高个案咨询效果;房间内基本配备需要有沙发和茶几、电话、挂图、绿植、挂钟等。

2.咨询人员与咨访关系设置

心理咨询的人员设置主要是配备心理咨询专业人员,具有学历和资质要求的专职心理咨询师,主要负责心理咨询工作。高职院校心理健康教育中心的工作内容繁多,专业和行政工作不宜混在一起,否则容易导致工作人员角色、职能定位混乱。应将心理健康教育中心的工作人员分为专业人员和行政人员,专业人员负责心理咨询、团体心理辅导、危机干预等工作,行政人员负责预约、组织测试、档案管理、宣传活动、接待参观等工作,只有职责清晰明确,才能确保高职院校心理咨询中心专业高效地运作。同时在高职院校兼职的心理咨询人员,应该是指那些有资质的、已注册的心理咨询师、心理治疗师或精神科医生。在咨访关系设置上,心理咨询师应尽量避免在咨访关系上出现与来访学生的双重或多重关系,高职院校心理咨询师一般都担任学生授课任务,学生心中的“教师”身份会在一定程度上影响咨询效果,这种特殊的“师生”关系设置与心理咨询的基本原则不相符,有条件的高职院校应设置专门从事心理咨询工作的咨询人员。

3.咨询时间与收费设置

心理咨询必须遵守一定的时间限制,咨询时间一般规定为每次50分钟左右,原则上不能随意延长咨询时间或间隔。一般来讲,心理咨询很少能一次性解决问题,大多数个案都需要咨询几次才能把问题解决好,若是较复杂的个案,可能需要好几次或更长时间,一般为每周一次,由心理咨询师和来访学生共同约定下次咨询时间和个案结束时间。

咨询收费也是心理咨询服务的一种重要设置,它本身有一定的心理治疗和不良人格矫治作用,收费服务对来访学生的咨询行为也是一种行为上的规范,对增强来访学生的自我意识、责任心、自我控制能力等都有积极作用,收费是心理咨询与治疗工作的价值体现。目前我国高职院校心理咨询一般是免费服务本校学生,这种免费的咨询随意性强、约束性低,不收费的心理咨询常容易出现来访学生在接受治疗时主动自我探索和改变自己的动力不足,在咨询中等待他人援助而自身不作为。从严格意义上讲,高职院校提供免费的心理咨询并不是真正意义上的心理咨询。

4.咨询保密与突破设置

保密是心理咨询的工作原则之一,也是职业伦理的集中体现。在咨询开始前,心理咨询师有责任向来访学生说明咨询的保密原则及其应用的限度、保密例外情况并签署知情同意书。来访学生的个人信息及咨询的相关问题不会被随意谈论,来访学生的信息登记表不会被带到咨询室之外的任何地方。但下列情况为保密原则的例外:(1)来访学生出现自我伤害或伤害他人的倾向时,有必要通知校领导、来访学生辅导员、父母以及相关人员,以采取必要的措施;(2)来访学生的问题涉及法律责任,如有必要,心理咨询师应将信息资料呈交有关司法机构。

(二)高职院校心理咨询的形式

1.个体咨询

个体咨询是高职院校心理咨询最常见、最普遍的咨询方式。来访学生通过预约和心理咨询师在个体咨询室进行一对一的面谈。

2.团体心理辅导

团体心理辅导是通过团体来指导个人,通过团体活动协助参加者解决个人问题及克服情绪、行为上的困难,一般情况下由一位或两位心理辅导教师主持,多个团体成员参加。

3. 网络心理咨询

网络心理咨询是指以网络为媒介，运用各种心理学理论和方法，帮助当事人以恰当的方式解决其心理问题的过程。网络咨询服务方式主要包括即时聊天软件（通过QQ、微信等媒介进行语音、视频、文字聊天）、电子邮件、电子布告与个别人或团体交谈等。网络心理咨询作为一种新形式，它既有传统心理咨询（主要包括门诊咨询、信件咨询和电话咨询）所无法替代的优势，又有其明显的弱点与限制。

4. 电话咨询

电话咨询被称为学校心理咨询的“生命线”，个体在出现心理危机时可拨打电话咨询，是学校心理安全的重要保障。

5. 朋辈心理辅导

朋辈心理辅导是高职院校心理健康教育职能部门通过培训和督导一批志愿从事心理援助工作的学生，在心理辅导基本原则的指导下，对周围需要心理帮助的同学给予心理开导、安慰和支持，提供一种具有心理辅导功能的服务。它可以理解为非专业心理工作者作为帮助者在从事一种类似于心理辅导的帮助活动。

三、高职院校心理咨询工作建设

（一）心理咨询机构建设

高职院校心理咨询机构的组织归属有两大类，即独立型和挂靠型。高职院校通常有比较完善的学生管理工作体系，学生工作处具有行政管理职能，可以直接指导各院系学生管理工作，因此心理咨询机构往往挂靠于学生工作处，通过各院系学生管理工作者开展心理健康教育，使心理健康教育工作更易于在全校范围内开展。

高职院校心理咨询机构应选择相对安静的地点办公，缓解学生紧张情绪，减轻心理压力，有利于进行心理咨询。良好的心理咨询环境能使来访的学生降低焦虑感，消除顾虑，达到较好的咨询效果。

（二）心理咨询规范化、制度化建设

规范化、制度化是心理咨询由自发到自觉、从无序到有序的保障。通过建立规范的心理咨询机构、设置规范的专职岗位使心理咨询获得经常性的

经费保证,使工作得以常规性地开展。《关于加强普通高等学校大学生心理健康教育工作的意见》对心理健康教育的任务、内容、原则、途径、方法以及心理健康教育队伍建设管理工作作出了明确的规定,使高职院校心理咨询在全国普及有了规范。该文件确立了依托学生的工作体制开展心理咨询的工作体制,为稳定高职院校心理咨询队伍以及推进全面普及心理咨询起到重要的示范指导作用。

制度化是对规范化的进一步发展,将规范性的内容用制度化的形式确立下来,以更加有效地起到组织和监管的作用。为保证心理咨询工作按相关规定有序运行,心理咨询的操作要遵循相关规范和制度,主要包括值班、预约、回访、重点反馈制度,心理咨询个案记录与档案管理制度,咨询记录和有关档案材料归档制度,个案研讨与督导制度等。同时,心理健康教育工作者要遵循职业道德规范及各项规章制度。

(三)加强心理咨询宣传

向学生公开心理健康咨询机构的电话、邮箱和网址。有条件的学校可提供网上预约和咨询服务。专家定期进行网络咨询,这样咨询者不会存在任何顾虑,也避免了面对面的尴尬,有利于咨询工作的顺利进行。向学生宣传心理咨询预约方式和渠道,普及心理咨询的目的、意义和咨询工作流程等。

(四)心理危机预防与干预体系建设

心理危机以预防为主,应早预防、早发现、早干预,降低危机事件发生的概率,避免重大危机事件发生,做好日常心理健康知识宣传与普及,通过心理健康状况普查、心理危机定期排查、随访等方式,及时发现学生出现的心理危机。要明确工作流程及相关部门的职责,制定心理危机干预预案。建立科学有效的心理危机转介机制,积极搭建学校咨询机构—校医院—精神疾病医疗机构的工作平台,提高全体师生对心理危机事件的正确认识及应对能力。

(五)保证心理咨询机构的经费支持

高职院校心理咨询机构是一个服务性机构,因此,需要投入一定经费来支持和保证其正常运行。把高职院校心理咨询机构的专项经费纳入学校预算,有专项资金作保障,才能更好地确保大学生心理咨询工作的正常有序开展。

四、高职院校心理咨询的伦理问题

在高职院校，因心理咨询师角色、学生角色以及咨询场所的特殊性，高职院校心理咨询在咨询伦理、咨询过程中面临着不少困境和挑战。高职院校心理咨询师在实际工作中存在忽略知情同意、难以保持价值中立、难以避免双重关系、不能严格遵守保密原则、无法提升专业胜任力等专业伦理问题。

1.普遍存在忽略知情同意过程

知情同意是对心理咨询操作过程的规范性要求，指寻求专业服务者可以自由选择是否开始或维持一段专业关系，且有权利了解专业工作的目的、方法、自身权利、保密权利、保密例外以及心理咨询师资质和理论取向等。无论是校外的心理咨询服务还是高职院校的心理咨询工作，来访学生事先了解知情同意相关内容后，可以更好地配合、监察和反思心理咨询的过程，从而建立和维持良好的咨询关系，提高咨询的有效性。高职院校心理咨询师对保密权利了解得较为全面，但往往容易忽视咨询中的知情同意过程。对知情同意过程的忽视，往往会阻碍咨询工作的进程，对咨询效果产生消极影响。如心理咨询师在咨询开始时，并未告知来访学生咨询工作的目的、方法、基本设置，在咨询过程中就容易出现来访学生滔滔不绝，超出咨询时间限制，从而被迫中止咨询，引发来访学生不满等情况；或出现心理咨询师与来访学生不能及时恰当地终止咨询，造成咨询时长严重拖延，扰乱心理咨询的基本设置，从而影响咨询效果等情况。

2.难以坚持价值中立原则

价值中立原则是指心理咨询师在咨询过程中不掺杂个人情感与价值，对来访学生的情感、观念、行为给予无条件的接纳与尊重。心理咨询师在咨询过程中坚持价值中立原则，有利于咨访双方建立相互信任的咨询关系，从而为来访学生营造良好的自我暴露的咨询氛围，能对咨询效果起到正向影响。高职院校心理咨询的工作目的是帮助来访学生自我成长，较其他领域的心理咨询多了一层育人的含义。大学生生理发育基本成熟，但心理发展水平尚不成熟，自我意识水平较高，但尚未形成稳定的世界观、人生观、价值观，因此，教育引导是大学生成长成才过程中必不可少的环节。高职院校心理咨询师在咨询过程中一旦发现来访学生存在过于偏激的思想认识或价值判断，往往会主动承担起价值引导的职责，双方价值观的冲突会带来咨访关系的冲突，从而影响咨询效果。高职院校心理咨询师在咨询过程中既要坚持专业伦理，又要肩负育人的责任，必然难以秉持价值中立原则，从而产生专业伦理困惑。

3.难以避免双重关系

双重关系是指当心理咨询师在与一个人发生专业关系的同时发生其他关系，或承诺在将来发生专业关系以外的社会关系。高职院校心理咨询师与高职院校之间存在天然的联系，使得高职院校心理咨询不可能成为单一的专业咨询关系。高职院校心理咨询师的教师身份能够在一定程度上获得学生的依赖和信任，能够较为及时全面地了解学生的认知、情绪及行为变化，有利于促进学生心理问题的解决，但是，双重关系的存在势必会给高职院校心理咨询带来一定的消极影响。

第一，双重关系的存在不利于建立平等的咨访关系。高职院校心理咨询师往往还承担辅导员、管理人员或任课教师等工作，在学生眼里，心理咨询师又是教师，学生在尊重的同时还会怀有畏惧之情，教师身份产生的权力优势不利于形成平等的咨访关系。第二，双重关系的存在使学生难以充分信任心理咨询师。高职院校心理咨询师在承担咨询工作的同时，也承担着管理、教育学生的责任，他们在工作中的大多时刻都是站在学校的立场上认识和处理问题的，会忽视从学生的角度出发帮助学生摆脱面临的思想困境，因而难以得到学生的信任。第三，双重关系容易使心理咨询变为思想政治教育，部分承担心理咨询工作的辅导员在咨询过程中容易受到德育思维影响，将心理咨询变成批评教育，严重影响心理咨询的效果。

4.保密原则与管理要求有冲突

保密原则指心理咨询师有责任保护来访学生的隐私权，同时明确认识到隐私权在内容和范围上受到国家法律及专业伦理规范的保护和约束，同时保密原则的应用有其限度，在特殊情况下存在保密例外情况。保密原则是心理咨询的重要伦理原则，是建立良好咨访关系的基础。高职院校心理健康教育部门通常隶属学校学生管理部门，独立性相对较差，部分高职院校会安排具有心理咨询资质的辅导员担任心理咨询师。这部分心理咨询师承担了学校行政管理及学生管理工作，当发现学生存在纪律问题、价值偏差或违法行为时，他们往往会突破心理咨询服务于学生工作的界限，选择将学生存在的问题及隐患上报学生管理部门。这会造成学生个人隐私的泄露，导致来访学生与学校心理健康部门对立，甚至引发学生个体的心理危机事件。

5.专业胜任力不足

专业胜任力指心理咨询师遵守法律法规和专业伦理规范，以科学研究为依据，在专业界限和个人能力范围内开展评估、咨询、治疗及督导等工作的能力。《中国心理学会临床与咨询心理学工作伦理守则(第二版)》指出，心理咨询师应不断更新专业知识，提升专业胜任力，促进个人身心健康发展，以更好地满足专业工作的需要。

当前高职院校心理咨询工作正处于发展阶段，对心理咨询师队伍的系统化培训同样处于发展阶段，且大多数培训以理论讲授为主，缺乏咨询技术的操作训练。高职院校兼职心理咨询师在实际咨询过程中仍然存在难以运用咨询面谈技术、仅凭自身成长及工作经验进行心理咨询工作的情况，使心理咨询过程变为德育过程或辅导员谈心谈话过程，引起来访学生的反感，破坏咨访关系，影响心理咨询的效果。

针对以上伦理问题和困境，有必要针对高职院校这一特殊场所，以及高职院校心理咨询师与学生之间的特殊关系，制定统一规范且切实可行的相关工作伦理。高职院校心理咨询专业伦理的制定，应当从保障学生权益的角度出发，明确界定学生与心理咨询师双方的权利和责任，规范高职院校心理咨询师的专业知识结构和技能训练。同时，高职院校应当通过相应的伦理要求规范高职院校心理咨询工作，切实提高高职院校心理咨询的有效性。高职院校心理健康教育部门应当为心理咨询师提供定期且系统化的专业伦理培训。专业伦理培训不仅能够提高高职院校心理咨询师的伦理认识水平，而且能够帮助其树立正确的咨询意识和助人态度。

五、高职院校心理咨询发展的趋势

(一)心理咨询热线电话与网络心理咨询的兴起

心理咨询热线电话是指对情绪危机者进行心理干预的一种电话服务形式。近些年来，心理咨询热线电话以其方便快捷、自主安全、经济有效等特点，不断被引入高职院校校园，成为当前许多高职院校开展心理咨询服务向学生提供心理援助的有效途径之一。高效开通心理热线服务需要进行场地、设备和热线咨询员队伍建设,并加强规范管理。网络心理咨询是指心理咨询师通过各种网络通信工具,运用心理学原理和技术给来访学生提供心理咨询帮助的一种新型的心理咨询。与传统咨询方式相比,这种不受时间和空间限制的咨询方式,以及在咨询过程中一贯体现的自主性、便捷性和匿名性必定会为它带来远大的发展前景。高职院校网络心理咨询应基于网络媒体的发展特点,因势利导,扬长抑短,推动高职院校心理健康教育的蓬勃发展。在未来的发展中,要不断加强高职院校网络心理咨询的专业化和规范化。高职院校需要从准入规范、职业道德、网络技术方面加强网络心理咨询队伍建设,加大网络心理健康教育的宣传推广,网络心理咨询人员需要继续加强网络心理咨询的理论与技术、适用性和有效性研究。

(二)推动发展性心理咨询模式

发展性心理咨询模式是指高职院校心理咨询要以大学生的发展为重点,以促进发展为目标,面向全体的学生,强调个人成长和全面发展的工作经验。当前,高职院校咨询活动与具体操作层面都体现了发展性为主的趋势。宏观上咨询活动是通过广播、网络、电视、校刊、橱窗、校报、板报等宣传媒体,组织开展了心理健康宣传周或宣传月和专题讲座等。具体操作上将个别咨询、心理与行为训练、团体心理辅导、信函咨询、网络咨询和电话咨询等相结合,有针对性地为需要帮助的学生提供经常性、及时性、有效性的心理咨询服务,促进学生心理健康成长。

高职院校心理咨询强调了发展的功能与教育的功能,同时得兼顾保健与治疗功能。不仅要为学生提供个别咨询,更重要的是必须着眼于广大学生心理问题的预防与早期发现,以及心理健康的增进与人格发展。

(三)心理咨询的本土化

心理咨询的本土化,是指运用适合中国人心理的咨询理论和方法,进行心理咨询工作和活动,以最大化地实现咨询效果。它是在合理地吸收和接纳中西方心理咨询思想和方法的基础上进行的。具体来说,心理咨询的本土化途径:一是在西方的心理咨询理论上加以改进和修正,使之更适合中国人,比如钟友彬教授创造的认识领悟疗法;二是利用我国传统文化资源,结合中国人的社会心理特点,挖掘出具有本土特色的心理咨询理论与方法,比如道家认知疗法、中医心理疗法等。在高职院校,探索心理咨询的本土化有两个方面的要求，第一，了解本土大学生的心理特征。本土化要求必须切实地描述、分析、理解、预测大学生的心理与行为，进而建立有关大学生心理与行为的知识体系。第二，本土化着眼解决本土大学生的实际问题。研究者要深入地探讨与理解中国社会的问题，包括政治、经济、文化与教育的问题，进而才能整合出适合中国学生自身的预防与解决之道。

第二节 高职院校心理咨询的基本程序和方法技术

一、高职院校心理咨询的基本程序

（一）预约与接待

1.预约

预约接待员的首要工作是为来访学生完成预约。来访学生预约咨询主要有三种途径：打电话预约、直接来咨询中心预约以及通过心理健康教育中心的网络平台预约。预约的最终目的是接待员为来访学生确定具体在什么时间与哪位心理咨询师会面。

预约接待员在接待预约的来访学生时，需要进行以下工作：(1)初步判断来访学生是否属于危机情形。如果来访学生明显属于危机情形（如自称有自杀倾向、听起来或看起来情绪状态明显异常、说话语无伦次等），接待员就应立即上报咨询中心，请专业人员进行紧急干预，或者予以转介。(2)简单澄清来访学生对心理咨询的疑虑。有些来访学生虽然来到心理咨询中心求助，但对心理咨询并不十分了解，可能会问许多问题，接待员应进行简单的介绍，初步澄清来访学生对心理咨询的疑虑。(3)具体商定心理咨询师和咨询时间。预约工作应该以具体、明确为基本原则，接待员要和来访学生确定心理咨询师和时间。

2.填写文件

高职院校心理咨询中心要为每一位前来咨询的大学生建立档案，作为工作记录保存。为了让学生在知情同意的情况下接受心理咨询，咨询中心通常要求来访学生在预约时填写《预约登记表》，并签署《知情同意书》。如果来访学生通过电话或网络预约，预约接待员通常问询来访学生或在网络上填写相关个人信息。(1)填写《预约登记表》。《预约登记表》包括来访学生的基本信息、家庭背景以及自诉的主要问题等内容,基本信息包括来访学生的姓名、年龄、年级、学习的专业、家庭基本状况以及来自城市或农村等,还有既往心理咨询经历、重大事件、家族精神疾病史以及求助的主要问题等。《预约登记表》有助于心理咨询师对来访学生的情形有初步的了解和判断,在与来访学生初次会谈之前进行简单的准备,也能缩短建立关系的时间。(2)签署《知情同意书》。知情同意书一般包括心理咨询的基本原则、来访学生的权利和义务以及心理咨询师的职责等内容,特别是对保密原则以及突破保密协议的若干情况等有较为具体的介绍,这些都是来访学生知情同意的重要内容。心理咨询师和来访学生签署《知情同意书》,标志着双方建立了正式的专业关系,规定了专业关系本身的约定和限制,使咨询过程在一个比较清晰的框架下展开,这是咨询产生效果的重要保障。

(二)开始阶段(评估)

1.建立咨询关系

心理咨询师与来访学生建立起信任、真诚、接纳的咨询关系,才有助于心理咨询师真实了解学生的情况,确定咨询目标并有效达到目标。对学生而言,基于这种积极的关系,才会与心理咨询师积极合作,对心理咨询抱有热情和信心,从而有助于提高咨询效果。能否建立起积极的咨询关系,心理咨询师担负着重要责任。

要建立并保持积极的咨询关系,需要心理咨询师掌握一些有效的方法,如无条件的积极尊重、准确的共情和真诚。对来访学生要热情耐心,装束整洁得体,行为举止大方。初次会谈,来访学生往往比较紧张、局促,因此心理咨询师的态度会对其心理产生很大的影响。热情友好的态度给人以亲切感,可有效拉近双方的距离,特别是他们在受心理困扰时,热情友好的态度本身就是一种安慰,能在很大程度上降低其焦虑水平。

初次会谈时,心理咨询师要先向前来咨询的学生进行简明扼要的自我介绍,接着就咨询的性质、目标以及特殊关系等向对方作出解释。解释的内容包括时间的限制、会谈的次数、保密性及保密例外、正常的期望等。对这些问题的说明,可以减少来访学生的困惑,消除因此引发的焦虑,也使对方不致对咨询产生不当或过高的期望。在初次会谈中,有必要澄清保密性的问题:对咨询过程中必要的记录给予说明,对所谈内容和隐私权的保密与尊重作出肯定性承诺,以此消除来访学生的戒备心理;保密例外的情况则是当来访学生有伤害自身或他人的危险时,出于保护当事人生命安全的原则,心理咨询师有义务向有关人员汇报,但也是最低限度披露来访学生的信息。

2.收集来访学生的资料

收集与来访学生有关的各种资料,心理咨询师可通过会谈、观察、倾听、心理测验等方式,了解对方的基本情况及存在的心理问题。来访学生的基本情况包括姓名、年龄、班级、家庭及社会生活背景、自身的生活经历、兴趣爱好、学习生活近况及有无心理咨询经验等。通过对基本情况的了解,掌握其过去、现在等各方面可能与当下心理困扰相关的信息,有助于对其主要心理问题的把握。认识来访学生的心理问题是确定心理咨询目标的基础。这可能比收集基本情况要复杂得多,因为来访学生一般心存顾虑,往往不愿直截了当地把面临的心理问题如实暴露出来,或是他们自己也弄不清问题的实质,只是感觉到困扰,希望改变现状。由于心理问题涉及多个方面,这就需要心理咨询师通过收集有关资料弄清心理问题的性质、持续时间及产生原因。

3.进行分析评估

(1)确定心理问题的类型、性质,决定咨询的适应性

心理咨询师首先要确定心理问题的性质,是属于学习问题,还是人际关系问题,还是自我发展问题,或者是其他方面的问题等;是属于发展性问题、适应性问题,还是障碍性问题。同时判断来访学生的问题的性质,是一般心理障碍还是严重的精神疾病,以确定是否属于心理咨询的范围。心理咨询师需通过了解来访学生的疾病史、个人生活史等信息,进行初步的心理评估,决定咨询的适应性。因为只有那些心理因素是其痛苦的原因的人才适合进行心理咨询,并非所有有心理障碍症状的人都需要心理咨询。如来访学生属于器质性疾病,应及时介绍到医院就诊,若发现来访学生有心理障碍、精神障碍的症状或现象,要及时将其转介到医疗机构进行诊治。

(2)分析心理问题的程度,判断是否需要紧急危机干预

对来访学生的心理问题的严重程度要进行分析评估,只有经过专业判断后不属于危机情形的来访学生,心理咨询师才能按照心理咨询的常规程序为其提供咨询服务。如果发现来访学生出现明显的冲动、无助或绝望等

负面情绪时,必须对其进行危险性评估,一旦属于危机情形,心理咨询师要启动危机干预机制,必须根据实际情况进行相应的紧急处理。一般来说,对于有危险性的来访学生,心理咨询师必须在咨询完成后立即填报《危机个案情况表》登记备案,同时还要与辅导员、学生工作处及系部领导通过电话或当面通报情况,及时启动危机干预程序,展开相关的工作。另外,心理咨询师还要事先告知来访学生,向其解释突破保密原则的原因,并耐心地进行解释以征得来访学生的知情同意,并与来访学生商定紧急联络人等事宜。

(3)寻找心理问题产生的原因

寻找原因是诊断来访学生心理问题的重要组成部分。造成来访学生心理问题的原因是多方面的,可从主观和客观两个方面进行分析。客观分析就是针对学生心理问题形成的诱因事件、成长经历、家庭社会等因素进行全方位的搜索。主观分析是针对来访学生的认知信念、个性特征、需要动机等进行深度剖析。把握住心理问题产生的原因,将为心理问题的解决奠定基础。

(三)中期阶段

1.明确咨询

目标心理咨询的目标,就是心理咨询所追求的结果与所要达到的目的,明确咨询目标是通过对问题的分析和评估实现的。这和上一阶段中收集资料分析评估结合在一起同时进行。分析来访学生的问题后,心理咨询师需要对咨询目标加以明确,心理咨询师可以这样询问来访学生:通过咨询,你希望解决什么问题,有什么改变,达到什么程度等。在确定咨询目标时要注意以下三个问题。

(1)必须由咨访双方共同制定目标

咨询目标的制定,必须心理咨询师和来访学生共同配合、交流并最终达成一致。这样的咨询目标才比较客观、真实,才能使双方共同努力去实现目标。共同制定咨询目标,首先要求咨访双方在心理问题的把握和原因分析上取得一致意见,为此心理咨询师要鼓励并引导来访学生全面、深入地倾诉,同时心理咨询师也必须将自己的认识、看法、结论反馈给来访学生。其次,心理咨询师要引导和鼓励来访学生思考和提出自己的要求,坦诚提出对咨询目标的看法。若双方意见有分歧,应认真分析,是表述上的不同还是内容上的差异，是掌握材料不够还是看问题角度不同，是不是局部目标与整体目标上的差异等，在此基础上逐步达成一致。

(2)保证心理咨询目标的针对性

咨询目标的针对性，即解决心理问题而不是其他问题。在学校心理咨询中，经常会遇到一些不属于心理方面的问题，如学生经济上有困难、考试不及格等。这些问题虽然使来访学生感到不安，但心理咨询的目标只能是帮助来访学生调整认知和心态而不是直接解决这些问题。

(3)心理咨询目标必须具体、可行

来访学生的表述有时比较具体、明确，如考试焦虑、失眠等，但有时比较笼统、抽象，如希望有较强的学习能力、善于交往等。这样的目标因大而空泛，既难以操作、落实，又无从对咨询效果进行评估，因此，心理咨询很难进行。这就需要咨访双方经过商讨，共同将抽象的目标具体化、模糊的目标清晰化。总之，咨询目标必须具有可行性。

2.进行指导帮助

心理咨询师给予来访学生指导帮助时，要与包办代替相区别。心理咨询是一种谈心行为，双方是合作关系，心理咨询师的职责是帮助来访学生分析自身的心理问题，提供指导意见，而解决问题则要靠来访学生的自我努力，通过改变自我认知和行为方式来恢复心理平衡。心理咨询师在对来访学生充分理解的基础上，帮助其分析自我问题的性质，寻找问题的根源，商讨解决问题的对策。

在这个阶段，心理咨询师需根据来访学生的问题采用不同的咨询方法，可灵活运用鼓励、指导与解释，对来访学生的积极方面给予真诚的表扬、鼓励和支持，提升来访学生的自信，促进其积极行为的增长；可以直接指导来访学生做某件事、说某些话，或以某种方式行动；可以通过解释，使来访学生从一个全新、全面的角度面对自己的问题，重新认识自己及周围的环境，从而提高认识能力，促进其人格的完善和问题的解决。

(四)结束阶段(转介)

1.咨询效果的评价

心理咨询结束前首先要判定是否取得疗效，这就需要对咨询效果进行评价。一般来说，心理咨询效果的评价方法有以下三种：①来访学生自评，可从其情绪的改善状况，异常行为的矫正程度，学习能力、交往能力及生活能力的恢复与进步程度等方面评估。②心理咨询师的观察,可从来访学生的症状缓解程度及社会功能改善状况两方面进行,在咨询后期,通过观察来访学生的各种表现来判定咨询目标是否实现。③心理测验结果,分析咨询前后来访学生的心理测验指标的变化,也可给咨询效果的评定提供参考依据。

2.巩固咨询效果

(1)心理咨询师应向来访学生指出其已经取得的成绩与进步,说明已基本达到既定的咨询目标。心理咨询师和来访学生对此应达成共识。来访学生认识到自己的进步,对他不仅是巨大的鼓舞,也是一种暗示,即预示着心理咨询的过程即将结束,使来访学生对此做好心理准备。为此,心理咨询师应耐心、具体地分析来访学生所取得的成绩,指导来访学生真正认识到自己的进步。

(2)心理咨询师应和来访学生一同就其心理问题和咨询过程进行回顾总结。重新审视来访学生心理问题的前因后果,以及据此确定咨询目标、咨询方法、咨询过程中出现的问题和进展等,对前两个阶段进行总结。这有助于帮助来访学生加深对自己的问题的认识,总结咨询经验,了解努力的方向,获得有益的启示。这种总结本身就具有巩固、优化咨询效果的意义。总结最好是通过心理咨询师的启发由来访学生作出的。

(3)指导来访学生巩固已有的进步,将获得的经验运用到日常生活中,并逐步稳定、内化为来访学生的观念、行为方式和能力,使之能独立有效地适应环境。应指出从学习“经验”到运用“经验”尚有一段距离。通常来访学生在心理咨询师的指导下,在特定条件下能表现其习得的经验,但当其独立面对实际生活时,又难以应付。这既有经验掌握尚未牢固的原因,也有其自信心不足的心理因素。能否顺利完成这一过渡,是能否实现“结束”咨询的前提条件。

向来访学生说明结束咨询时,应尽可能以交谈的方式进行,暗示来访学生结束咨询是件自然、平常的事情。

3.转介

如果心理咨询师觉得不能继续提供帮助,就可以通过转介的方式让来访学生去找其他心理咨询师或者向某个指定的机构寻求帮助。

(1)来访学生不属于心理咨询服务对象

发现来访学生已经出现幻觉、妄想或严重的认知、行为障碍等精神症状，或者来访学生的症状明显是由器质性原因引起的，心理咨询师应建议来访学生及时转到精神病医院接受诊治，以防贻误治疗时机。如果造成来访学生困扰的主要原因是现实生活中的困难，而心理咨询并不能帮助来访学生解决这种困难时，这种情况下也必须将来访学生转介。

(2)来访学生的问题超出了心理咨询师的能力范围

从保护来访学生的利益出发，心理咨询师必须在自己能力范围内为来访学生提供服务，在专业能力范围之外提供服务是违背伦理操守的。因此，在评估时，心理咨询师要结合自己的专业能力和实践经验作出判断。

(3)由于某些原因不利于建立良好的咨访关系时，也必须转介

例如，来访学生与心理咨询师已经有其他人际关系，为避免出现双重关系就需要转介；心理咨询师与来访学生因个性等人格特征方面明显不协调，或者来访学生的价值观与心理咨询师的价值观有冲突，或者来访学生求助的问题正好是心理咨询师无法接受的话题等，都需要尽早转介。

(4)来访学生对咨询关系感到不满意，要求转介

转介有时是由来访学生提出的。例如，来访学生对咨询效果不满意，在咨询几次之后问题没有得到很好的控制或有效解决，就可能对心理咨询师产生不满而要求转介。如果影响到了咨访关系，最好转介给其他心理咨询师。

如果心理咨询师判断来访学生需要转介，要做的就不仅仅是停止对来访学生的咨询，因为转介是一个过程，需要一段时间才能完成，对来访学生的转介也是一个工作交接的过程。在转介时需注意以下问题：第一，转介要征得来访学生的同意。将来访学生转介不是心理咨询师一个人可以决定的，虽然可以由心理咨询师提出，但一定是在来访学生知情同意的前提下进行的。或许这个困难的个案给心理咨询师带来了很大的压力，造成了很大困扰，但心理咨询师一定要谨慎行事。第二，适当地说明与解释以缓解来访学生的迷茫与焦虑。心理咨询师不仅要告知来访学生需要转介，而且要与来访学生讨论其对转介的看法和反应。通常，来访学生对待转介的反应是自己心理问题很严重以至于心理咨询师无法帮助自己。因此，心理咨询师要真诚地向来访学生解释需要转介的理由，耐心做好来访学生的思想工作，不要给来访学生增添心理负担。第三，以接纳和关怀的态度了解来访学生的矛盾情感。当被告知需要转介以后，来访学生的心情通常是十分复杂的，担心、紧张、怀疑与期望并存。心理咨询师要给来访学生倾诉的机会，对于

来访学生的不满等情绪要给予理解和接纳。在来访学生与新的心理咨询师会面之前,心理咨询师可以与来访学生保持一种支持的、鼓励的关系。第四,帮助来访学生与接手的心理咨询师建立联系。心理咨询师在有了将来访学生转介的想法后,要确定将其转介给哪位心理咨询师,要考虑这位心理咨询师有没有胜任能力,要明确这位心理咨询师目前有没有时间空当可以接待该来访学生。在此基础上,心理咨询师可在专业限制的范围内帮助来访学生与新的心理咨询师建立联系。

(五)追踪反馈

追踪反馈是心理咨询过程的补充与延续,对来访学生的咨询效果进行最终调查并寻求反馈,以便积累完整的案例资料,全面评价咨询效果,是整个咨询过程中不可忽视的一步。

对曾经咨询过的学生进行追踪反馈往往是高职院校学生管理工作的重要内容。特别是对有些心理问题比较严重的同学,心理咨询中心应在咨询结束后一段时间内予以密切关注。追踪反馈是在咨询结束后的回访设置,通常在咨询结束后三个月、六个月或一年进行。在学校心理咨询中,追踪反馈可采用以下方式进行。

1.填写信息反馈表

信息反馈表一般是由心理咨询机构统一印制,心理咨询师应嘱咐来访学生定期填写并反馈给心理咨询师。

2.约请来访学生定期前来面谈

心理咨询师与来访学生面谈是直接了解咨询效果的有效方式。这种方式获得的信息量大,容易深入,也便于心理咨询师及时察觉问题,并适时予以进一步指导。

3.访问他人

向了解来访学生学习、生活等情况的人,如父母、辅导员、同学、关系密切的朋友等了解来访学生现在的适应状况。这种做法一般比较客观。如果能将这种方式所获得的信息与其他方式反馈的信息综合起来考察,得出的结论将更全面、真实。运用这种方法时,必须注意维护来访学生的利益,保护其自尊和隐私,注意保密原则,因此,有时需要以间接、委婉的方式进行。

经过追踪反馈，一般会有以下三种不同的结果：一是来访学生的问题已经得到解决，咨询效果十分显著。对于这种情况，心理咨询师可对整个咨询过程做一次回顾与反思，提炼成功的经验，以便更好地指导今后的咨询工作。二是部分问题得以解决，咨询取得一定效果，但不是很显著。这时需要心理咨询师认真总结经验教训，重新探讨来访学生的问题范围和性质，对咨询目标和方案进行适当调整与修正，如来访学生提出要求，继续帮助他解决尚未解决的问题，或进行转介其他心理咨询师帮助解决问题。三是咨询效果不明显，问题基本没有解决。这种情况下，心理咨询师就应分析原因，是自己评估错误运用咨询方法不当，还是来访学生配合不够未按心理咨询师要求去做。若是前种原因，心理咨询师可对咨询过程再做一次回顾和反思，找出问题症结所在并重新进行咨询；如果是后种原因，心理咨询师就必须对来访学生继续进行帮助，并与其说明咨询效果需要本人的主观努力和配合。

二、高职院校心理咨询的一般方法

(一)提供宣泄与疏导

宣泄是指来访学生将自己积压已久的不良情绪(如烦恼、忧愁、愤怒等)和心理困扰问题倾诉给心理咨询师的过程。这是心理咨询最基本的功能，给来访学生提供可供宣泄的场所和倾诉痛苦的对象，宣泄可给人以解脱，使人感到轻松。在宣泄过程中，不论是内心巨大的痛苦或挣扎，还是觉得难以启齿的个人隐私，这些有碍个人身心健康的困扰和障碍，都得到了有效的调节。

疏导是指心理咨询师运用专业性辅导技术，采取有效措施解除来访学生的心理困扰和障碍的过程。它侧重于“导泄”“诱导”“解析”等，给予来访学生以理解支持，进而帮助其纠正非理性想法，打开“心锁”。咨询过程中，心理咨询师要鼓励来访学生倾诉内心痛苦并有针对性地进行疏导，帮助来访学生端正对自身问题的认识，调整个人的应对方式，以产生积极的心理平衡。

(二)探寻根源和领悟

领悟是指来访学生在心理咨询师的帮助下，全面、深刻地认识自身心理困扰与障碍的过程。领悟是个体克服心理困扰与障碍的关键。心理咨询师对导致来访学生心理问题形成的各种相关因素进行探索分析，寻找心理问题的症结，帮助其了解和认识周围的环境，积极协调自我与环境的关系，改变某些偏见和消极的行为方式，权衡自己的心理需求，调整行为动机，防止和减弱不良情绪对身心健康的危害。

(三)改进认知和行为

理解领悟属于认知,但认识到问题仅仅是前提,还需要进一步帮助来访学生改进自我的认知和行为,这才是心理咨询的核心,也是目标。这就需要在心理咨询过程中,心理咨询师运用一些心理干预技术(比如强化干预、放松训练、角色扮演、合理情绪干预等),指导并督促来访学生进行一段时间的学习、训练和矫正,以达到认知和行为上的渐进改变。

(四)促进健康与成长

从心理障碍恢复到心理健康,更多的是要靠个体的自我调整,心理咨询只是起到加速和促进作用。在心理咨询过程中,心理咨询师应通过认知改变的方法帮助来访学生认识到:人的潜能是无限的,人在生活挫折和挑战面前,积极调整自己,挖掘自身潜力,便可产生巨大的能量来战胜生活中的困难。

总之,心理咨询就是通过宣泄、疏导来缓解来访学生的心理压力,鼓励来访学生倾诉内心困扰和痛苦并进行针对性指导;探寻来访学生的问题并使其领悟;协助来访学生改进认知结构,通过学习和训练建立起健康、有效的行为习惯和适应方式;促进来访学生排除心理障碍和自我成长,从而使心理咨询对来访学生产生积极的影响。

三、高职院校心理咨询的一般技术

(一)参与性技术

1.倾听

倾听是指心理咨询师全神贯注地聆听来访学生的叙述,认真观察其细微的情绪的变化,体察其言语背后的深层次情感,并通过自己的言语和非言语行为表达对来访学生叙述内容的关注、理解和接纳。倾听贯穿于心理咨询的任何阶段,是心理咨询中最重要的方法,也是一种咨询态度。

2.询问

询问技术包括开放性询问和封闭性询问。开放性询问通常以“什么”“如何”“为什么”“能不能”等字眼发问,让来访学生就有关问题、思想、情感等给予较详细的说明,开放性询问没有固定的答案,允许来访学生自由发表意见,从而带来较多信息,因此被认为是最有用的咨询技术之一。

封闭性询问通常以“是不是”“要不要”等发问,来访学生能以“是”“否”简短的词作答。这种询问可以用来针对性地收集信息,以澄清事实,或制止来访学生滔滔不绝的言谈。封闭性提问仅在必要的时候采用,不宜过多使用。

3.鼓励和重复

鼓励是指心理咨询师对来访学生所说的话予以简短重复或仅仅以某些词语如“嗯额”“是这样”“然后那”“还有吗”“接着说”等来强化来访学生叙述的内容,并鼓励其讲下去。这是最简单的技巧,它能使来访学生了解到心理咨询师在认真地听他讲话,并希望他继续讲下去。鼓励除了促进继续会谈外,还可以就所叙述内容的某一点、某一方面做选择性关注,引导来访学生朝着某一方向做深入交谈。这就是重复技术。以重复语句作为鼓励对方的一种反应,是一种很有效果的反应方式。

4.反应

反应技术包括内容反应和情感反应。内容反应也叫释义或说明,指心理咨询师把来访学生所讲的主要内容加以综合整理后,用自己的语言反馈给来访学生。释义使得来访学生有机会再次剖析自己的问题,重新组合那些零散的事件和关系,深化会谈内容,使得所述内容更加明朗化。

情感反应是指心理咨询师把来访学生言语与非言语行为中包含的情感整理后,反馈给来访学生。情感反应与内容反应接近,区别在于着重于来访学生的情绪反应。情绪往往是思维的外露,经由对来访学生情绪的了解可进而推测对方的思想态度等。

5.具体化

具体化技术是指心理咨询师帮助来访学生清楚、准确地讲明他们的想法、情感和事件。具体化技术可以让心理咨询师澄清来访学生所表达的那些模糊不清的观念及问题,把握真实情形,同时也使来访学生弄清自己的所思所感,从而促进咨询的顺利进行。

6.概括

概括是指心理咨询师完整且扼要地叙述来访学生已谈过的事实、感受和原因。概述可使来访学生再一次回顾自己叙述的内容,并使自己获得休整的机会,用于结束一段或一次面谈。

(二)影响性技术

1.解释

解释是指心理咨询师运用某一理论或自身的经验解释来访学生的思想、情感和行为的原因和实质等,给来访学生提供一种重新认识自己的问题的可能性,借助于新的观念和思想来加深了解自身的行为、思想和情感,提高认识,促进变化。解释技术是面谈技巧中最复杂的一种,它侧重于对某一问题做理论上的分析。

2.指导

指导是指直接明确地指示来访学生做某件事、说某些话或以某种方式行动。指导是影响力最为明显的一种咨询技术。指导建立在心理咨询师判断来访学生愿意实践的前提条件上。

3.忠告与信息

忠告与信息是指心理咨询师对来访学生怎样行动、怎样思考等提供建议,提供有助于来访学生看待、思考的新信息。忠告与信息是一组非常有用的影响技巧,主要影响来访学生的认知及新的可能的行动。

4.情感表达

情感表达是指心理咨询师将自己的情绪、情感活动状况告诉来访学生,以影响来访学生。情感表达技术的作用是通过情感的表达,理解、鼓励来访学生,促进来访学生的探索和改变。

5.自我表露

自我表露又叫自我开放、自我暴露,指心理咨询师把自己过去的或现在的经验、体会和感受告诉来访学生。自我表露技术有助于建立和发展信任的、坦率的咨访关系,促进来访学生的自我剖析及开放。

6.反馈

反馈是指向来访学生介绍心理咨询师或其他人是怎么看待、对待同样的问题,这种具体的信息可能有助于来访学生认识到他人的思维和行为模式,从而受到启发。

（三）其他技术

1.共情技术

共情又叫同理心，是指心理咨询师站在来访学生的立场，将心比心、设身处地体会其感受及想法，并把来访学生表述和体验的情绪感受反馈给来访学生。共情被认为是心理咨询中影响咨访关系建立的首要因素，是咨询的基本技术。

2.处理阻抗技术

阻抗是指来访学生在咨询过程中，否定心理咨询师的分析，拖延、对抗心理咨询师的要求，从而影响咨询的进展，甚至使咨询难以顺利进行的一种现象。消除阻抗主要是给予来访学生积极共情、尊重、关心、同感理解、建立良好的关系。

3.应对沉默技术

沉默是指当需要来访学生进行自我探索或回答问题时，来访学生出现了停止回答与探索的现象，阻碍了咨询的顺利进行。心理咨询师应学会分析判断来访学生的沉默现象属于何种情形，并相应作出回应，或适时沉默，或做试探性的询问。

四、高职院校心理咨询常用的干预技术简介

（一）焦点解决短程心理治疗

焦点解决短程心理治疗是以解决问题的方法为核心的问题解决技术，是最经济有效的方法，也是从资源优势取向的视角理解与开展学生心理辅导工作的方法。它聚焦于问题的解决方法，而非造成问题的原因，充分发掘与运用已经存在的资源来寻找有效的解决之道。焦点解决短程心理治疗的核心技术有赋能技术、常态化技术和重新建构技术。

（二）认知行为治疗

认知行为治疗是一种有结构、短程、认知取向的心理治疗方法，主要针对抑郁症、焦虑症等心理疾病和不合理认知导致的心理问题。它的主要着

眼点是患者不合理的认知问题,通过改变患者对己、对人或对事的看法与态度来解决心理问题。在高职院校采用认知行为治疗往往注重以问题解决为核心,帮助学生学会解决问题的聚集策略,强化学生解决问题的能力,让学生明确了解过去与现在的痛苦来源于可认识的、有可能解决的问题。

(三)辨证行为治疗

辩证行为治疗是近年来发展起来的新型技术,它采用哲学性的思维方式,尝试着去平衡“接受”和“改变”的关系,它能提高一个人在不失控的情况下处理个人情绪困扰的能力,可以帮助情绪调节有困难或表现出自我伤害行为的人。其焦点就是在于强化、肯定,不断调整当事人的情感反应,减少相应的极端行为,接受自己的反应,从而调节情绪,改善与他人的关系。辩证行为治疗的四大基本技能是核心正念技能、痛苦承受技能、人际有效性技能和情绪调节技能。

(四)支持治疗

支持治疗是以“应激与适应”为基本观念,针对当事人目前的现实问题,以“支持”为核心进行特殊治疗,给当事人提供适当的支持,帮助其调整对挫折的看法,利用其现有的内外资源应对目前的困难,使其适应并能够独立应对生活中的困难和挫折,达到真正的自我成长。支持治疗技术主要通过鼓励功能性的支持、鼓励、说明、指导、训练等方式与当事人一起探讨应对困难或处理问题的方式,并鼓励当事人采取成熟而有效的方式。

(五)正念治疗

正念,也称为冥想,是指意识到当前自己的思想、情绪、知觉和行为的能力,它强调活在当下和觉察现在,对于眼前的一切,以不带批判的心态进行全然开放的自我觉察。它可以增强个体承受痛苦的能力,并提高身心放松的程度。正念治疗主要有正念呼吸、身体扫描、正念行走、整体静坐等练习。

第三节 高职大学生常见心理问题的咨询辅导

我国高职院校心理咨询服务大致可分为三类:一是发展性咨询,咨询的目的是帮助学生更好地认识自我、发展自我、挖掘潜能,进一步提高学习、生活质量。二是适应性咨询,咨询的目的是帮助学生排解心理困扰,减轻心理压力,改善适应能力。三是障碍性咨询,咨询的目的是帮助学生通过系统的心理咨询与治疗缓解症状,恢复心理平衡。就高职大学生来说,针对高职大学生的思想心理特点,就其常见的心理问题进行相应的咨询辅导。

一、高职大学生的思想特点和心理特点

(一)思想积极上进

高职大学生处于青年初期阶段,身心发展基本成熟,他们精力充沛,兴趣广泛,内心对未来有着无限憧憬,思想上追求上进,积极向上。但由于心理发展还不够成熟,又缺乏实践经验,有时候会出现迷惘情绪。

(二)个性追求独立

高职大学生性格相对独立,他们正处于个性渐趋成熟阶段,在心理上有独立自主的愿望和要求,崇尚个性风格,追求自我发展。但也有部分学生存在着独立能力差,或者存在个人中心倾向。

(三)价值观念多元化

高职大学生思想比较开放,价值观上呈现多样化趋势。绝大多数学生倾向于主流的社会主义核心价值观,但也有部分学生受社会不良思潮影响,出现了拜金主义、功利主义、享乐主义、个人主义等思想倾向。

(四)自信心不足

高职大学生因为高考相对受挫失利,高考的结果和他们期待的人生理想差距较大,同时由于缺乏生活锻炼和独立生活的能力,一旦受挫就会出现自我否定的情绪,学业上缺乏明确的奋斗目标,生活中存在着悲观失望,表现出缺乏自信。

(五)心理矛盾冲突多

高职大学生内心会有很多矛盾和冲突,主要表现在理想与现实的矛盾、轻松感与紧张感的矛盾、独立感与依赖感的矛盾、自尊心与自卑感的矛盾、认知与践行的矛盾、成才与能力的矛盾、交往需要与自我封闭的矛盾、追求上进与自我消沉的矛盾,等等。

(六)自我调节能力差

高职大学生处于身心发育接近定型阶段,由于他们思想尚未成熟,情感丰富但不稳定,存在着理想自我与现实自我的矛盾。生活中他们一旦遇到挫折便垂头丧气,缺乏承受痛苦和挫折的能力,容易使自我意识处于一种软弱无力的状态,失去改变自我地位的信心,从而不能进行正确的自我评价。

二、高职大学生常见心理问题的咨询辅导

(一)心理适应与发展问题辅导

适应问题容易发生在大一新生中,新生入学以后,绝大部分学生是第一次远离家乡,离开熟悉的亲人、同学、朋友和熟悉的环境,要适应了解陌生的校园、全新的人际关系、不同于以往的管理模式等。大部分学生在一段时间后,能很快适应学校的学习和生活,而少数学生则出现适应障碍。新生常见的适应问题有理想与现实的冲突、自我地位改变引发角色错位的困扰、学习适应不良的焦虑、人际交往的心理孤独、缺乏自理能力致使生活应对的烦恼等。

1.帮助新生自我调整

首先,要建立理性的认知方式,正确评价自我。高职大学生对生活的不适应,大多来源于其对现实的不合理认知方式,比如对自己、对别人的绝对化要求,过分概括化、悲观预期等。因此,要引导高职大学生正确认识和评价自己,学会培养自己的辩证思维方式,改变自己对自我、对他人、对环境的不恰当认识是大学生适应的关键。

2.确立目标,坚定信心

目标对大学生的适应和发展具有重要作用。很多适应困难都与缺乏目标或目标确定不当有关。要使自己能够成功积极地发展,必须为自己确立一个合乎实际的目标。高职大学生可通过对现实、对自己的认识而确定目标,确定目标要考虑现实的社会条件、发展趋势和自身条件,制定近、中、长期目标。近期目标主要是以大学生在学校时间为限,明确学业完成达到的标准。另外,应当依据变化了的情况及时调整脱离实际的目标,这样,行动就有了方向和动力,人生就会充满信心与活力。同时实现目标要有坚定的

信心。坚定的信心是大学生达到良好的社会适应、保持个人的心理平衡的重要因素。要有积极的心态,树立成功的信心。

3.主动交往,促进人际和谐

人对环境的适应,主要是对人际关系的适应。有了和谐的人际关系,人就有了支持的力量、有了归属感和安全感。大学阶段是人际关系最强烈的时期,他们渴望自己有一个和谐的人际关系环境。人际关系的建立既有认识问题也有技巧问题,高职大学生应该首先主动关心别人,为别人做些事情;还应当主动开放自己,增加人际交往的宽容,求同存异,学习别人的优点,包容别人的缺点。要建立良好的人际关系,既要拥有自尊自信的自我认识,又要有正确的认知方式,还要学会必要的人际沟通的技巧与方法。

4.自强自立,积极行动

自强自立能力是适应环境的保证。大学生应当具有独立思考和独立处理问题的能力。面对日常生活的自我管理、社会生活中的各种矛盾、交往中的复杂人际关系、学习中的各种问题,都需要每个人独立面对、处理和解决。而这种能力主要靠在大学的学习生活实践和人际关系交往中培养、锻炼。高职大学生只有尝到独立的成功,才能发展独立的能力,才会拥有应对各种环境和社会变化的能力,从而产生适应环境的自信和勇气。

有了独立的能力,还需要有积极的行动。积极的行动可以摆脱由于环境不适应带来的孤独、苦闷、烦躁、恐惧和空虚。当对环境不熟悉、不满意时,只要积极行动,为集体、为他人做些事情,就会逐渐熟悉环境并融入新的环境中。积极行动意味着主动投入学校的各种活动中,投入社会各项实践活动中。在这些活动中,不断提高自我选择、决断、管理的能力,也提高处理各种复杂事务的工作能力。同时,提升了自我的心理健康水平,完善了人格。

(二)学习压力问题辅导

大学的学习特点和高中有明显的不同,如学习环境、学习内容、学习方法等,还要面临各种等级考试和职业资格考试等。大学的考试方式与高中也不同,特别是高职课程还有新的考核方式。如果对这种现实不能正确接受和对待,逃避或否认现实学习,就会出现厌倦学习、学习疲劳、学习焦虑、考试焦虑等各种心理健康问题。

1.端正对学习的认识和态度

明确高职大学生学习的目的对克服学习心理健康问题具有重要的意义。当高职大学生认识到自己的学习与社会发展有密切联系时,当意识到学习不仅仅是为了自己,而是为了国家强大和自身发展时,高职大学生就会看到学习的价值,从而产生责任心、使命感,学习动机就会强烈,学习的动力和压力才会增强。因此,需要对高职大学生开展人生观、价值观的教育,使其多参加一些社会实践活动,了解国情、民情,了解本专业对社会的贡献,并在实践中运用知识,发现和解决问题。只有这样,高职大学生才能对学习、对考试有一个正确的认知和合乎实际的态度,从而改变对学习、对考试的不正确的认知和态度,才能从根本上消除学习心理健康问题。

2.培养学习兴趣,学会学习

兴趣是最好的教师,因此,要有意识地培养高职大学生的学习兴趣,激发起更强烈的学习动机,以消除因厌恶学习内容而产生的疲劳。首先,要培养对学科的兴趣,明确学科的社会意义和专业意义,认识此学科对于自己的专业学习、品行修养、技能形成等方面产生的影响。其次,带着问题去学习,抓住本学科中一些没有定论的、有争议的问题,广泛搜集资料,通过独立思考,提出自己的看法,这往往会使人产生对此学科的强烈兴趣。第三,要学会学习。学会大学的学习方法,掌握适合自己的学习方法,学习方法不当会使学习效果不佳,长期学习效果不佳会使学习缺乏动力,引发其他学习心理问题和障碍。高职大学生必须结合自己的特点,寻求适合个人学习的实际方法。

3.克服学习焦虑,学会自我调节考试焦虑

高职大学生的学习焦虑,特别是考试焦虑是一种普遍的心理问题,绝大多数学生包括成绩非常好的学生都在不同程度上有过学习、考试的焦虑。心理咨询能帮助学生学会自我调节。自我调节是一种极为有效而且也是最根本的方法。要消除学习焦虑、考试焦虑,第一应当从改变认知入手,克服对学习、考试的不正确认识和态度,用平常心对待考试,正确认识考试成绩。第二,要善于找出学习、考试焦虑的原因所在,通过积极的自我暗示、宣泄自己的不良情绪等方式来稳定自己焦躁的情绪,也可以找知心同学、可信赖的教师以及心理咨询师诉说,使心理得到平衡,增强自信。第三,稳定情绪后,要努力使自己的注意力从对学习、考试情境及结果的担忧中转移到如何做好学习、应试的准备上。第四,在学习、考试中出现怯场、厌学厌考的情况时,可做深呼吸,有意识地使身体放松,逐步达到心平气和,从而将注意力和兴奋点集中到应试上。

4.强身健体,科学用脑,消除学习疲劳

学习疲劳是因为学习时间太长、学习强度过大而在生理和心理上产生的劳累感。防治学习疲劳应注意几个方面:一是强身健体,注意科学搭配饮食营养。大部分学生往往由于学习任务繁重忽视体育运动,更不注意饮食的营养搭配,使身体处于亚健康状态,造成了学习疲劳。二是科学合理地用脑,交替使用大脑左右半球,把需要高度抽象逻辑思维的学习活动同音乐、绘画、文娱体育活动交替进行,以利于克服学习疲劳。三是顺应生物钟的节律变化,合理安排学习的最佳时间状态。但生物钟的节律变化因地区或个人的差异而有所不同,学生应了解自己身体的工作规律,合理安排作息时间,避免疲劳过度。

(三)人际交往问题辅导

相比中小学阶段单纯的人际关系,大学生的人际交往更为复杂、更为广泛、独立性更强、影响更大、更具社会性。人际交往是大学生的必修课与不可绕过的坎,是大学生活重要的组成部分,也是作为准社会人的必备技能。但是人际关系的处理无章遵循,没有可操作的指南,同时高职大学生又自尊心强,情绪易冲动,社会经验不足,人际交往能力尚有欠缺,因而很多学生想获得良好的人际关系却屡屡受挫,产生苦闷与焦虑的情绪。大学生宿舍人际关系是高职院校心理咨询的重点咨询内容,狭小的空间,朝夕相处,不同的性格与作息规律,很容易出现摩擦。有的学生缺乏沟通与处理技巧,会导致冲突产生,宿舍形成帮派,被孤立的个体很容易出现心理问题。人际交往心理问题可概括为两大类:一是人际冲突,在日常生活中难以与他人和谐相处;二是人际回避,在日常生活中不会与别人进行必要的交流与沟通。

1.学会沟通

沟通是人际交往的基础。高职大学生人际相处与交往中的许多心理问题都是由学生之间缺乏沟通或沟通无效而造成的。高职大学生习惯于在事关个人利益时不能主动表明自己的人际关系态度,从而造成心理隐患,因为个体不表态并不意味着能够接受;相反,内心是不平衡的,但这无助于问题的解决。只有通过沟通、对话，才会使周边的人明白自身的人际关系，从而消除心理隐患或防止心理问题产生。

2. 积极克服交往心理障碍，正确对待生活

高职大学生在人际交往中出现的常见心理障碍有孤独感、自卑、羞怯、嫉妒、猜疑等。摆脱孤独感的基本途径在于改变不适当的处世态度和生活方式，拓展生活空间，在积极交往中与他人取得联系，在紧张和充实的生活、学习中摆脱孤独。战胜自卑和羞怯，尤其是社交恐惧症，关键在于确立起成功交际的信心和勇气，破除社交神秘感，使自己在精神和身体两方面都得到放松，从而逐步走上良性循环。克服嫉妒心理要注意认清它的危害性，摆正自己和他人的位置，学会取长补短，克服私心，促使嫉妒情绪向积极方面转化。面对猜疑最根本的办法是端正人际关系认识，去掉私心杂念，同时，注意角色调换，设身处地为对方着想，站在对方的立场上考虑并解决问题。做到上述几点，可以有效消除大学生人际交往中的心理障碍。

3. 注意培养人际交往技能和良好的交往风度

人际交往技能是影响大学生正常人际交往的直接原因。因此，大学生应当注意交往知识和技能、技巧的学习和训练，通过移情能力训练、角色扮演、表达训练、利他行为实践等方法提升自己的社交技能。在学习中行动，在行动中学习，不断修炼自己的行为，修身养性，在交往时遇到不愉快的事情尽量从自己身上找原因，出现了矛盾，大家心平气和地坦诚沟通。

(四)恋爱与性心理问题辅导

大学生正值青春期后期，生理上趋于成熟，心智有了一定发展，对爱情生活有所追求与向往。但大学生所处的特殊环境及自我人格尚未成熟，恋爱问题不容易处理好，也就容易出现各种心理困扰和情感危机。大学生恋爱过程中常见的心理挫折有单相思、失恋、网恋等心理问题。特别是失恋后，往往产生强烈的挫败感和自卑感，使他们在情绪、自我评价、人际交往、学习、生活等各个方面受到打击和干扰，很容易产生一些消极的情绪性行为，如消沉、破坏、自责行为等，甚至精神崩溃，严重者可能会出现攻击行为：攻击自身，如自杀自残；攻击他人，如攻击恋爱对象或者所谓的第三者。

从个体的生理年龄发展阶段来看，由于性生理逐渐发育成熟，大学生会受到性意识的困扰，并且能体验到对性的压抑。这些困扰，通常只带来一般程度的不安和躁动，但如果达到严重程度时，就会产生心理问题。此外，对性知识、性行为的不恰当认识和理解会造成诸多心理压力，从而进一步发展为心理问题。性心理问题有性意识困扰、性行为困扰和性心理失调以及性心理障碍等。

1.正确认识恋爱的意义，树立健康的恋爱观念

首先，要正确认识恋爱。正确认识恋爱的意义对于调适恋爱中的心理问题具有十分重要的意义。恋爱是学习和另外一个人建立亲密关系的过程，是大学生自我成长的重要标志，也是良好心理素质的体现；它能使大学生在学习中满足自身及相互的心理需要；它是逐步培养和发展爱情的过程，是建立在对对方不断了解、接纳、发现、欣赏基础上的情感体验；它同时也是自我认识与成长的一个过程。通过恋爱，大学生会更好地认识自己，了解自己的情感世界、个性特点。

其次，要树立健康的恋爱观念。健康的恋爱观念包括：正确的人生观、道德观和价值观；正确的自我观念，面对恋爱理智而不痴情；坚强的意志品质；完整和统一的人格；理智与慎重。大学生只有形成这些良好的恋爱观念，不断发展完善自我，才能正确看待恋爱中的问题。

2.培养和发展健康的恋爱行为，培养爱的能力和责任

培养和发展一种健康的恋爱行为和能力是大学生成长与发展的重要任务。健康的恋爱行为应当是：恋爱言谈文雅、文明；行为大方、举止得体；恋爱过程中平等相待；善于控制感情，行事理智。这种行为的形成与爱的能力的形成分不开。爱的能力包括表达爱的能力、接受爱的能力、拒绝爱的能力、鉴别爱的能力、欣赏爱的能力、发展爱的能力、解决爱的冲突的能力、面对失恋的心理承受能力、维持爱的能力。只有具备了爱的能力才会引导一个人真正地爱别人或接受别人的爱，才能获得一种幸福的体验，才会消除恋爱带来的心理困扰。

3.积极参加人际交往活动和各种社会实践

异性交往可满足大学生心理需求，达到性心理平衡，反之，缺乏异性之间的人际交往，是性适应不良的原因。积极参加人际交往活动有助于消除对异性的自卑、胆怯,减少空虚无聊。同样,由于大学生精力充沛、思想活跃,谈恋爱成了消耗精力的主要途径。因此,大学生通过深入生活、深入实践,广泛地参加各种形式的社会实践活动,了解社会,不断地丰富自己的社会阅历,磨练自己的意志,提高自我认识的水平、自我控制的能力和社会适应能力,从而使自身感受到生活是丰富多彩、充实而美好的。

4.正确处理恋爱中的问题

第一,要正确处理好恋爱中的几个关系,即恋爱与学业、爱情与人生、爱情与婚姻的关系。在大学期间要以学业为重,懂得爱情不是人生的全部,准确把握好恋爱与生活的方向,既有追求爱情的勇气,又有承担爱情责任的准备。第二,要增强恋爱的责任感,把握好恋爱行为的分寸,体现大学生良好的精神风貌。第三,要善于处理恋爱挫折,如失恋、单恋、三角恋等问题。面对失恋应当正视现实,不要把失恋看成自我价值的贬损,而要进行适宜的合理化的情感宣泄。第四,要冷静地对待自己单方的炽热爱情,克服恋爱错觉心理,重新对恋爱关系进行评价,使自己从无谓的恋爱感情中解脱出来。

5.端正认识,正确看待性心理

了解性心理发展变化的规律,正确认识这些变化带来的各种情绪和行为反应,是大学生自我调适的重要基础。这些认识包括:正确看待身体的变化,愉快地接纳自己的性身份与性特征;正确看待性意识活动,树立科学与健康的性意识,以免陷入性幻想中不能自拔;正确看待性冲动和自慰行为,确立顺其自然的坦然态度;正确看待恋爱问题,明确恋爱与学业的关系;正确认识性心理健康的标准。

6.掌握科学的性知识

大学生应当对性有科学的认识。性科学作为一门综合的学问,揭示了性的产生和发展过程、规律。大学生学习了性知识可以去掉性禁忌,减少性神秘感、降低性压抑,学会主动承担性角色,控制自己的性心理,使自己的性行为符合人道和社会规范要求。因此,大学生应当努力学习和掌握性知识,避免性无知,提高性文化修养,预防性心理问题发生。

7.性行为要对他人负责

当性行为涉及另一个人,便会有社会责任感的问题。大学生应当意识到性的责任性,不要一时冲动,也不要抱着“不管天长地久,只管曾经拥有”

的心理,应当了解个性行为给他人、自我和社会带来的后果,因此,要尊重他人、尊重自我,对自己的行为负责,同时用道德和法律制约自己的性行为。

8.积极进行自我调节,发现问题及时处理

①正确控制性冲动。对于性冲动,除进行适度控制外,还可采取一些建设性且符合人道和社会规范的方式,取代和转移性欲。如投入学习、参加文体娱乐活动、参与社会实践等,进行正常的异性交往,尽量避免性信息的刺激、干扰或诱惑。②努力克服遗精恐惧和月经焦虑,正确对待手淫、白日梦和性梦。③发现问题,及时处理。性心理困扰是大学生常见的问题。因此,大学生应当了解性心理困扰常见的原因和表现,及早发现并给予积极的处理。具体地说,可以通过阅读有关书刊资料,修正自己错误的认识;可以找好朋友交谈,帮助自我认识;可以找心理专家咨询,消除心理困扰。

(五)家庭亲子关系问题辅导

家庭是最容易生成矛盾关系的地方,当今的大学生常常面临家庭关系不稳定、亲子关系不和谐等危机,很多学生的问题与原生家庭有关,这给大学生心理健康带来很大的安全隐患。家庭亲子关系问题是诱发大学生抑郁症等心理疾病的主要原因,同时还会影响其人际关系和恋爱情感,在进行心理咨询辅导时往往需要一段时间修复关系。

1.认识自己,认识父母,理解父母

在理解学生内心痛苦的基础上,帮助学生客观认识自己成长过程中的叛逆及对父母的偏执认识,理解父母过去"伤害"自己或疏忽自己的行为,让其明白,天下父母都是爱孩子的,只是有些父母不懂得怎样科学地教育孩子,因此要学会谅解父母的过错,而非生活在过去的怨恨中。

2.从我做起,改善与父母的关系,建设和谐美满的家庭

首先学生自己主动尝试改善与父母的关系,要明白亲情是世上最珍贵的,懂得换位思考,父母也有其难处和艰辛,要感恩父母的养育之情,学会体谅父母的良苦用心,控制自己的情绪,与父母沟通不佳时,不要乱发脾气。

3.化解心结、积极解读亲子关系、修复成长创伤,促进健康成长

对于在成长经历中受到父母打骂的孩子,要进行疏导化解,告知学生,虽然父母是用简单粗暴的方式进行教育,但也是对孩子付出了爱的,只是采用了不合理的方式。不过也可理解为“打是亲、骂是爱”，重新解读父母的行为，内心的抑郁怨恨情结也会化解，从而有助于促进亲子关系良性发展，成长的创伤得以修复。

4.走出原生家庭，创造自我成功人生

在辅导时，要帮助学生走出原生家庭，看到现在的资源和自己未来的人生发展。作为一个成年人，学会对自己的人生负责，而非陷入对过去的抱怨当中，认真完成自己的学业，拼搏创造实现自我人生的成功，时间会冲淡疗愈童年的创伤。

（六）择业与生涯规划问题辅导

由于择业问题的复杂性和当前就业竞争的日趋激烈，刚刚走向社会的大学生在面对择业时，不可避免地遇到了各种困难、挫折和冲突，导致了一些心理矛盾和心理问题的产生。高职毕业生学历低，就业相对而言更为困难，在跨入社会时，他们往往会产生很多的困惑和担忧。在择业过程中，由于自己能力不足、缺乏经验而不能胜任工作等。对于自己何去何从很迷茫。在职业生涯规划过程中，从自我认识、职业环境评估、职业定位、规划执行以及评估反馈等环节常会暴露出一些问题，其中比较突出的是认识不够客观、规划和实施脱离实际、带有理想化的倾向，存在着职业发展期望过高、社会实践方向不够清晰、急功近利性较强等问题。因此，在择业就业时也会相应出现心理矛盾冲突，毕业前会有无奈、紧张、烦躁、焦虑不安、缺乏自信、怯懦、茫然甚至害怕等心理问题。

1.帮助大学生重新认识自我，树立正确的生活职业观

生活职业观是大学生择业认知评价系统的核心，有了正确的生活职业观，就能对择业、对人生保持正确的认识和了解，并能采取合适的态度和行为，提高对心理冲突和挫折的承受能力，从而防止心理障碍问题的发生，有利于保持心理健康。首先，要全面分析自己的专业特点和能力优势，通过自我分析或他人分析可以重新认识自己；其次，根据自己的个性特点，选择合适的职业类型，可以从气质与职业、性格与职业、兴趣与职业以及职业类型等角度对自己的个性特点进行分析，以便找准个人适合的职业类型。

2.采用心理测试

在职业生涯辅导过程中，可以通过使用各种心理测试问卷以及量表、自

我评定等方法，使得大学生了解自己的爱好、个性和职业兴趣等；利用职业测评方法，评估个体的职业价值观及职业生涯成熟状况。利用各方面的手段，掌握大学生的心理发展阶段，并据此预测和诊断大学生的职业生涯发展状况。

3.开展职业体验活动

通过开展各种相关活动，让大学生充分参与其中，亲身体验活动场景。这有利于启发大学生对自身生涯的意识和对工作场景、社会环境的了解。通过对自身兴趣、爱好、知识技能的认识和了解，探索自己的生涯规划方案，以发挥自己最大的潜能。如通过团体生涯辅导活动，让大学生亲身体验，更有利于自我的成长。

4.增强大学生职业价值观

教育大学生身上存在的不良的职业价值倾向，导致他们在择业中处处碰壁。因此，增强大学生职业价值观教育是解决其就业难的有效途径。通过对自己有更深入的了解，使他们摆脱在职业选择过程中的迷茫状态，探寻自己的价值，从而对自己已有的不当职业价值观进行重组与完善，对自身的价值进行权衡，有效地进行职业决策，更进一步地实现个人的统一、完善与和谐。

5.学会情绪的合理调控、适当宣泄

在择业中，每个人都难免会因遇到不良刺激、挫折而出现情绪反应，如焦虑、抑郁。大学生应该在自己的情绪剧烈发作和起伏不定时及时给予控制。一般方法是：通过及时告诫和提醒自己控制愤怒、焦虑、抑郁；多找朋友倾诉宣泄，如倾诉不快、放声哭泣；运用想象宣泄法和活动释放法发泄烦恼；接受他人劝解，转换角度和立场思考与解决问题；运用心理放松疗法进行调控。

（七）情绪困扰问题辅导

大学生处在一个特殊的年龄阶段，他们的内在需要和外在需要的不断改组、重建，必然导致内心体验的变化、情绪的起伏，对于大学生的学习、生活造成影响甚至造成情绪障碍。大学生常见的情绪障碍主要表现为情绪极不稳定，情绪的反应与刺激的强度、性质不相称，自我调节和控制能力低下，情感过程反常。

1.冷漠

冷漠是一种对外界刺激不关心、冷淡、退让的消极情绪体验。对学习应付了事、缺乏兴趣,对成绩好坏也不甚在意,对集体和同学态度冷淡,大多独来独往,十分孤僻,整天昏昏欲睡,对一切都好像无动于衷。冷漠是个体遇到挫折后的一种反应方式,包括缺乏积极的认识、情感淡漠、情绪低落、意志衰退、思维停滞等。

2.自卑

自卑是自我情绪体验的一种形式,是个体由于某种生理或心理上的缺陷或其他原因所产生的对自我认识的态度体验,表现为对自己的能力或品质评价过低,轻视自己或看不起自己,担心失去他人尊重的心理状态。自卑的大学生,往往认为自己什么都不行,外部表现为心情低沉、沉默寡言、很少交往、拒绝在公众场合露面。

3.恐惧

恐惧是指具有病理特点的恐惧。它是对某一类特定的物体、活动或情境产生持续紧张、难以克服的恐惧情绪,并伴随着各种焦虑反应,如担忧、紧张和不安,以及逃避行为和植物性神经系统变化,如出冷汗、心慌和颤抖等。恐惧症有很多种类,例如恐高症、利器恐惧、动物恐惧、广场恐惧及社交恐惧等。常见的大学生恐惧症主要表现为社交恐惧。这是一种在大学生人际交往,特别是与异性交往过程中产生的极度紧张、畏惧的情绪反应。很多大学生的社交恐惧常常是以同异性交往的情境为恐惧对象,随着症状的加重,恐惧对象还会从某一个具体的异性或情境泛化到其他异性,甚至其他无关的人或情境。患有恐惧症的大学生也常表现出一定的性格特点,如胆小、孤独、敏感、退缩和依赖性强等。

4.焦虑

焦虑是一种紧张、害怕、担忧、焦急混合交织的情绪体验,当人们在面临威胁或预料到某种不良后果时,便会产生这种情绪。被焦虑所困扰的大学生内心感到紧张、着急、惶恐害怕、心烦意乱,注意力难以集中,思维迟钝、记忆力减弱,同时常伴有头痛、心律不齐、失眠、食欲缺乏及胃肠不适等身体反应。大学生常见的焦虑包括考试引起的焦虑、适应困难引起的焦虑和人际关系引起的焦虑等。

5.抑郁

抑郁是一种持续时间较长的低落消沉的情绪体验。处于抑郁状态中的大学生，看到的一切仿佛都笼罩着一层暗淡的灰色，对什么事情都提不起兴趣，常常感到精力不足、注意力难以集中、思维迟钝，同时伴有痛苦、羞愧、自怨自责、悲伤忧郁的情绪体验，自我评价偏低，对前途悲观失望。

6.易怒

愤怒是由于客观事物与主观愿望相违背，或者愿望一再受阻、无法实现时产生的激烈的情绪反应。容易发怒，是大学生中常见的一种消极情绪反应，有些大学生因一句刺耳话、一件不顺心的事，就暴跳如雷，或出口伤人，或拔拳相向，铸成大错。愤怒过后，后悔莫及。

7.嫉妒

嫉妒是因为自己的社会尊重需要未得到满足而产生的不良情绪，是一种企图缩小和消除与他人的差距，恢复原有平衡关系的消极手段。嫉妒是大学生中有一定普遍性的不良情绪。引起嫉妒的因素主要有以下几类：外表、成绩、能力、物质条件、恋人、运气等。通常那些自尊心过强、虚荣心过盛、自信心不足、心胸狭窄、以自我为中心的学生更容易产生嫉妒心理。

大学生情绪困扰不利于其身心健康发展，应该引起学校的重视，帮助他们认识自己的情绪，掌握一定的调适与消除不良情绪和情感的方法，可以尽量减少或避免其对大学生造成的消极影响，保持愉快的心境，促进情绪和情感的成熟、稳定。

第六章 心理危机预防与干预

高职院校加强对大学生心理危机预防和干预工作是保障学生健康成长的重要举措。近年来学生的心理问题和心理障碍逐年增多,因心理障碍导致自残自杀的事件偶有发生,给家庭和社会带来了巨大损失和众多消极影响。日益凸显的大学生心理危机问题,对高职院校的预防与干预工作提出了越来越高的要求,如何进一步加强和改进高职院校心理危机预防与干预工作,是高职院校教育工作者需要研究和解决的新课题。

第一节 大学生心理危机预防干预工作概述

2011年《普通高等学校学生心理健康教育工作基本建设标准(试行)》首次提出了“大学生心理危机预防与干预体系建设”,并对各高校提出了具体的建设要求。在相当长一段时期内,“预防为主”都是各高校开展大学生心理危机预防与干预工作的基本原则。2018年《高等学校学生心理健康教育指导纲要》进一步明确“预防干预”是心理健康教育“四位一体”工作格局的重要组成部分。

一、大学生心理危机预防及干预的工作目标

大学生心理危机的预防干预具有三级目标体系:一级目标是遏制大学生即将发生的心理危机,建立学生心理危机预警库,做到早发现早干预,把心理危机产生的危害降到最低;二级目标是降低大学生心理危机发生概率,通过控制和减少个体产生心理危机的应激源,培养塑造学生的应对方式和健全个性,降低个体的易感性,从而减少危机的发生率;三级目标是保证大学生心理健康,促进大学生成长和发展,也是危机预防的终极目标。每一次危机都是个体成长的契机,如处理得当不仅是可以避免的,而且可以实现个体的人格成长。

大学生心理危机预防及干预的具体工作目标如下:第一,通过心理危机教育和宣传,加强大学生对危机的了解和认知,提高大学生承受挫折的能力

和情绪激励能力，为应对危机做好准备。第二，通过心理咨询等支持性干预，协助处于危机中的学生把握现状，重新认识危机事件，尽快恢复心理平衡，顺利渡过危机，并学会正确地应对危机的策略与方法。第三，通过提供适时的介入和援助，避免或减少大学生中出现自伤或伤及他人的事件。第四，通过构建大学生心理危机干预及自杀预防工作体系，做到心理困扰早期预防、早期发现、早期诊断、早期应对，避免或减少危机对学校正常工作的影响。第五，通过积极创设良好的校园环境，为大学生成长营造健康氛围，努力提高大学生的心理健康水平，优化大学生的心理品质，促进每一位大学生健康成长。

二、大学生心理危机预防干预体系的构建

（一）建立大学生心理危机预防干预的机构体系

1.领导机构

高职院校要成立大学生心理危机预防及干预工作领导机构，即心理危机预防及干预领导小组，其成员由分管学生工作的校领导担任组长，以团委领导、学生处领导、心理咨询中心领导、保卫处领导、校医务所领导、各院系分管学生工作的领导为组员，下设办公室。主要负责做好大学生心理危机预防及干预的整体部署和协调工作，制定大学生心理危机干预预案和流程，建立快速反应通道，明确各部门在危机干预过程中的职责，落实组织、人员、场地、物资和经费，有效整合学校的各种资源，充分调动各方面的力量，发挥强有力的领导、决策和指挥作用，从而使大学生心理危机事件能得到及时有效的干预。

2.信息机构

为了有效预防和干预，必须建立完善的信息获取渠道，以避免严重后果的发生。信息机构主要由高职院校心理咨询中心、校医务所、辅导员、公寓管理人员以及班级心理委员、宿舍心理信息员、学生干部组成。这些人员主要负责发现或识别有心理障碍征兆的学生并及时向上级机构汇报。因为大学生的心理危机的产生不是偶然和孤立的，其发生都有深刻的、内在的诱因，发生前也大多有一定的征兆，家庭的变故、个人的发展、社会的变革都可能引发心理危机。所以，信息提供者在日常工作、学习、交往和生活中，应密

切关注上述高危人群，重点排查特殊群体，一旦发现可能存在心理问题的学生，要尽可能帮助当事人摆脱危机，及时疏导他们的情绪。同时，应及时与上级机构取得联系，通报信息，对学生的心理危机尽量做到早发现、早报告、早预防、早干预。

3.执行机构

其成员由校心理咨询中心与校医务所的专业人员共同组成。主要负责向全校师生宣传心理健康知识、组织心理健康教育活动、建立大学生心理健康档案、从事心理危机干预研究，包括应对危机的策略、干预危机的规则、制定反危机的措施等，同时开展各种形式的心理咨询活动并对大学生中已经出现的心理危机实施干预。在干预过程中要有效整合学校的各种资源，充分调动各方面的力量，分工合作，协调配合，使大学生心理危机事件能得到及时有效的管理，最大限度地降低危机带来的伤害。

（二）建立健全大学生心理危机预防和干预机制

1.建立动态心理健康档案

在心理危机预防干预中，通过建立大学生心理健康档案，能全面把握大学生的心理状态，跟踪大学生的心理变化，发现大学生存在心理危机，或者是心理危机倾向后，及时采取针对性的手段对大学生进行引导，从而更好地消除大学生心理问题。而对学生家长、心理危机专业结构的医生来说，心理健康档案也是他们了解学生心理健康，指引大学生健康心理的关键依据。

在构建大学生的心理健康档案时，要选择适宜的时机，一般情况下，在大学生刚入学2个月以后，建立档案是最佳时期。对新生开展心理普查，主要了解学业压力、人际关系、发展规划、个人情感、家庭情况、经济开支和突发意外事件等几个方面是否构成心理危机的应激原因，筛选出有心理问题或心理危机的学生，建立大学生心理健康档案。通过学校、家庭以及社会共同组成的心理危机心理监测系统，全面收集心理危机学生的信息，补充学生心理健康档案信息；通过谈心、谈话等多种形式的心理辅导服务来完善学生心理健康档案。每一学期开展心理普查一次，及时更新补充相关内容。对已达到心理危机预警的对象，根据心理问题的严重程度进行明确诊断，并对存在心理危机隐患、心理危机的学生进行干预，整个心理干预过程都需要纳入心理健康档案中，如实记录和反映该学生心理变化过程，以便于追踪了解心理干预后的心理动态，比较全面、准确地掌握学生心理健康情况，特别对有心理问题的学生情况，建立纸质版和电子版的双重心理档案。[①]

学校心理健康教育中心着重建立重点学生心理档案，将全院有心理危机倾向及需要进行危机干预的学生信息纳入数据库，实行动态管理，各系也要相应建立本系重点学生心理档案。

2.健全学生“心理危机预警对象库”

院系每月向心理健康教育中心报告心理健康信息。对需要关注的学生，心理健康教育中心经与辅导员沟通并进行分类处理。“心理危机预警库”主要包括四部分：第一，曾发生过危机事件的个体。部分学生会通过“不闻不问的方式掩盖危机事件的存在，把危机事件有意或无意地压抑到无意识中”渡过危机而压抑自己的感受。故曾发生过心理危机事件的个体不能因为事件的结束而结束，可加入“心理危机预警库”进行持续性跟踪，可全面了解心理危机干预对象信息，做到预防和干预同步进行。第二，心理健康普查中发现的需要关注的学生。用心理测量建立和完善学生心理档案，并从心理测评数据中筛查出重点关注对象。通过心理健康教育中心、院系、辅导员对重点学生心理健康状况的掌握，做到及早发现、及时处理，有效预防突发事件。第三，心理健康零报告制度下的院系上报的重点关注学生。通过心理委员对学生信息的初步筛查，由辅导员和学工助理进行把关，形成需要关注的上报名单，心理健康教育中心对上报学生进行分级分类处理。第四，个案咨询中发现的需要关注的学生和已被医院确诊为精神障碍并进行积极治疗的学生。

3.建立健全心理危机干预机制

为了满足提高大学生的心理素质和预防、干预心理危机的需要，各高职院校应建立三种类型的机构：一是学校层面的心理健康教育中心和心理危机干预小组，开设心理健康教育课程、讲座，负责通识心理健康教育、生命观教育、积极心理学教育、死亡观教育和心理求助教育等，充分发挥心理健康教育的作用，做到防患于未然；积极开展团体和个体直接或间接咨询，开通24小时心理热线，开展QQ或微信等网上咨询服务等，全面做好大学生心理

---

①何泽民等：《全面构建大学生心理危机预防与干预体系》，载《邵阳学院学报（自然科学版）》2018年第3期。

健康教育工作，同时开展心理危机干预工作，使心理健康服务无盲区。二是学校要完善各院系、年级的心理辅导小组，直接联系学生，及时地开展心理问题的疏导和危机干预，通过心理测试，建立学生心理健康档案，定期进行心理复查和随访，指导学生主动寻求心理咨询或心理治疗，对于有心理问题的学生一定要连续跟踪心理服务，直到消除心理问题。三是要与附近设有心理科的综合医院或精神病医院联系，建立学生心理门诊绿色通道，随时接受大学生的心理治疗。

4.构建四级心理危机干预的网络

高职院校学生心理危机预防与干预是一项庞杂的系统工程，需要建立起“学校—院系—班级—宿舍”四级危机干预网络，层层联动，实现心理危机工作网格化。四级网络保障心理危机工作实现全覆盖，在危机干预中保证问题发现的及时性，并充分调动朋辈力量，发挥朋辈年龄接近、生活接触密切等特点，及时发现心理危机的预兆。学校对四级网络负责人逐层开展专业培训，使心理委员和宿舍长具备宣传心理危机相关知识和发现心理危机信号的能力；辅导员要具备一定的心理危机处理、及时识别和转介的能力；学院心理危机干预小组要具备完善的心理危机评估和指导、危机处理和协调工作的能力。另外，明晰各层级危机干预网络的工作职责，建立畅通的心理危机干预工作网络，保障学生心理危机预防、发现和解决。①

5.建立心理危机干预工作的联动机制

心理危机干预工作是一个系统工程，需要学校、社会、家长、校内各部门通力合作，需要充分利用学校心理健康教育中心—院系（书记）—班级（辅导员、同学）—宿舍（室友）—学生（危机当事人）—家长—精神科医生的多层级资源，启动心理危机干预工作的联动机制，进行团队合作，发挥学校行政在危机处理中的主力作用，充分调动心理健康教育中心、院系、班级和学生的资源，协调合作，通力完成各阶段的任务。在开展心理危机干预过程中，要调动各方资源和力量，全力配合做好心理危机干预工作。

对发出心理危机救助信号的学生、有自杀或伤及他人的极端行为者，心理危机干预小组、保卫处、校医院、学工处等应在第一时间赶到现场，开展紧急心理援助，全力保障当事人的生命安全和医疗救护，配合相关人员护送转

①张方圆：《学生心理危机立体干预机制探究》，载《现代教育科学》2020年第1期。

介治疗。对于有精神疾病的心理危机型的学生,学校心理危机干预小组要及时将其转介到精神病医院,安排辅导员通知家长务必到校,陪同其带学生去精神科医院诊断。对于轻度心理危机还能坚持学习的学生,学校心理危机干预小组在开展心理疏导干预的同时,还应安排同学和辅导员24小时全程监护,了解当事人的心理动态和行为表现。心理危机较严重的学生需告知家长并争取亲人陪伴支持。

三、心理危机干预中的家校合作和医校合作

(一)心理危机干预中的家校合作

高职院校心理危机干预,主要依靠辅导员或者心理咨询师,辅导员和心理咨询师要具备一定的专业技能,在心理危机的评估和指导中具有一定的优势,但是只依靠一种力量容易给干预者造成单枪匹马、被干预者造成孤立无援的感觉,影响干预效果。互联网技术的发展为提升家长心理危机素养提供契机,利用互联网开展家长心理危机及心理素养培训,提升家长的心理危机预防和干预相关知识,将家长纳入学生心理素养保障队伍。在心理危机干预中充分发掘家庭资源,丰富心理危机咨询体系,建立畅通的家校协同机制,将家长作为心理危机干预的主体之一,提升家长的责任意识。建立畅通的家校协同心理危机干预机制,提升家庭对学生心理健康发展的正向功能,这样会丰富心理危机资源、扩宽心理危机工作路径、促进学生心理危机问题的解决。[①]

在学生心理危机干预的整个过程中,家校沟通起着非常重要的作用,在处理心理危机的时候,家庭的支持和重要性远远大于学校及其他的社会支持系统。一个好的家庭对处在心理危机中的孩子有独一无二的作用。当发生心理危机与家长进行沟通时,作为相关教师,有很多为难的地方,既要考虑学校的立场,又要站在学生的角度把危机风险降到最低,要更多地为学生长远考虑,这样才有助于家长更多地理解学校和教师,配合学校,自觉主动地加强与学校的联系和沟通,帮助子女更好地进行康复。那么,学生心理危机发生时如何做好家校沟通呢?

---

①宋秋云:《对高校心理危机事件中家校沟通的几点思考》,载《湖南科技学院学报》2019年第3期。

1.尊重家长个性差异,加深信任关系

当学校教育与家庭教育有机结合,形成合力时,就会产生良好的教育效果。家校合作的基础是彼此之间的沟通,尤其是教师与家长之间的沟通,这是建立良好的家校关系的关键。家长之间的差异是客观存在的,家长的受教育程度、职位、性格各不相同,与家长交流时,在尊重家长、善待家长的前提下,也应该充分考虑家庭的个性差异,采用不同的多样式的方式进行谈心谈话。在正式沟通前,学会与每一位家长交流,让每位家长都能感受到自己被关注或重视。先了解家长的基本情况、家庭条件、亲子关系等情况,把握家长的心理状态,营造和谐的沟通氛围,让家长积极地与学校沟通,建立良好的信任关系,从而达到最佳的沟通效果。

2.紧密联系家长,形成干预合力

产生心理问题的原因很多来自家庭方面,所以与家长建立紧密良好的家校关系是非常有必要的。这不仅是深入全面了解学生情况的途径,也是帮助学生走出心理困境的必要途径。

针对心理重点关注对象和在外陪读的学生和家长,高职院校学工部门争取在第一时间查看学生的住宿情况,每月定期邀请家长来学校进行交流,了解学生和家长的生活状态及心理状态,并与家长交流子女最近在校的行为表现。对于家庭经济困难的家庭,高职院校可以尽力赋予人文关怀,尽力帮助其争取国家助学金和临时困难补助,定期走访租住房,了解生活所需,可以偶尔给予食堂餐票等生活优惠,形成良性的干预机制。

3.面对面家校沟通时,讲究语言与沟通技巧

家长来校后,高职院校工作人员可以将家长带到专门的谈话室进行交流,并采取与家长和学生分别谈话的方式进行谈话交流。在跟家长进行沟通时,先由辅导员和班主任简单介绍学生在校的表现,同时可以先突出学生的长处和优点,告知家长学生目前的具体情况,再多角度地分析学生出现心理问题的主要原因,让家长有更全面的了解。之后便可以在班主任或辅导员的陪同下,安排学生与家长见面。

4.针对不配合的家长,提前想好预案

在听取学生家长的看法和意见前,事先考虑家长可能会提出的意见,想好如何应对,做好预案;当家长提出异议时,不用着急争辩,要巧妙地扬长避短,就事论事,帮家长分析造成这种局面的原因。在与每一位家长的谈话中,本着“一切为了学生”“为了学生一切”“为了一切学生”的原则,探讨如何才能更好地帮助学生,让学生家长体会到学校的良苦用心。

(二)心理危机干预中的医校合作

调研显示,多数的心理危机与精神疾病相关,对精神疾病药物治疗是必要的,医生要有更好的处理措施,医院要有更完善的监护环境。为了更好地做好大学生的心理危机干预工作,学校要加强与专业精神病医院的合作。学校可以尝试建立“1+1”“1+N”“N+N”的医校合作模式,高职院校可直接与一家或者多家医院签订合作协议,学校也可通过地方组织与医院建立合作关系。合作医院为学生就诊建立绿色通道,学校和医院各确定1~2名联系人,联系人为学生就诊建立联系,建立学校发现危机请医生评估、医生发现危机及时通报学校的畅通信息沟通渠道,提升学生心理危机应对的效果和效率。合作医院和学校之间还可开展人员交流、工作交流等,邀请专科医生对心理咨询师、辅导员和心理委员等开展心理危机相关知识培训,提升学校心理队伍的专业素养。学校可建立线上、线下咨询平台,医生定期出诊,提升学校心理服务的专业性。医校结合的心理危机干预模式使高职院校获得优质的精神医学服务,医院获得预防与康复工作空间,最终保障学生心理危机得以解决。

医校结合是国内心理健康教育工作新趋势,本着“资源共享、相互促进、合力育人、共同发展”的合作理念,结合实际情况,充分利用医院、学校两方的平台,互通所有,建立全方位、多层次的协作,构建“预防—咨询—干预—服务”的心理健康教育合作模式,可以有效提高高职院校心理危机干预工作的实效性。

1.普及宣传精神卫生知识

心理健康教育要坚持“预防为主、以人为本”的原则,医校双方共享资源开展精神卫生知识宣传工作,并在重要节点,如“5·25”心理健康教育活动月、“世界精神卫生日”等,联合开展校内精神卫生知识普及和医院的宣传教育活动;同时,不定期邀请医院相关专家到高职院校为辅导员、班主任、心理咨询师开展精神卫生专题培训,了解心理疾病的调节和治疗方式,普及学生心理危机发生的规律,提升心理服务工作人员危机识别和干预水平;利用新媒体传播心理健康理念和知识，开通“医校互动”App平台，开通知识推文、心理咨询、转介就诊、预后监控等模块，强化学生心理健康意识。

2.心理危机学生诊断、转介和创建治疗“绿色通道”

建立以精神卫生专业机构为骨干、综合医院为辅助、精神疾病社区康复机构为依托的精神卫生防治服务网络。依托医院专科医师力量，聘请精神科医生以“特聘咨询师”的名义不定期到高职院校心理咨询中心挂牌坐诊。除开展心理咨询服务外，对学校初步筛查和访谈后确定为重点关注的学生，实施进一步诊断筛查，并给予指导性意见。指定合作医院为学校精神疾病学生及心理危机学生转介医院，在学生心理危机的特殊时期和重要节点上提供积极的专业支持，形成危机预防快速反应机制，开展深入细致、及时有效的危机干预工作，为危(重)学生的转介开通便捷“绿色通道”；指定合作医院为有心理问题学生复学评估诊断医院，精神科医师疾病诊断意见作为重要的复学参考；医院对“危机学生”和“复学学生”予以建档立案，督促学生定期复诊，并就其医疗情况与校方保持顺畅沟通。

3.提升心理咨询师专业能力

聘请合作医院部分精神科专家担任高职院校大学生心理危机预防和危机干预工作专家顾问，为心理危机干预与预防方面提供专业指导；推荐学校资深心理咨询师担任合作医院兼职心理咨询师，定期到心理门诊开展心理咨询工作；定期组织学校专兼职心理咨询师和相关人员到医院见习实习或专业进修，参与医院查房、咨询等工作，提高对精神疾病的识别、筛查和心理危机处理能力；聘任医院的精神科医生为学校心理督导专家，定期到学校开展心理咨询案例督导，提升学校心理咨询师的咨询胜任力。通过一系列举措，建立一支具有较强心理辅导技能和问题处理能力的心理健康教育队伍，推动和促进高职院校心理健康教育队伍专业化和专家化发展。

4.保障“医校合作”工作措施

医校双方要制定协议、保证资金、互通有无，在教育资源、学习材料等方面实现资源共享，从人力、物力、财力等方面全方位保障合作的顺利进行。一是政策保障。将“医校合作”列入学校党政工作内容，将工作机制以制度的形式写入思想政治教育相关文件。完善高职院校心理危机干预制度，修订《学生手册》心理问题学生休复学相关条例：学校推荐心理危机学生到合作医院进行诊治，并根据精神科医师开具的“疾病诊断书”意见进行休学或复学的决定。二是协议约定。医校实行双边挂牌，签订合作协议，明确合作目标，规范合作行为。建立医校双方定期互访和联席会议制度，建立双方专业人员联动工作机制，制定相关考核指标和奖惩措施，明确医校合作工作中学校专兼职心理咨询师及相关人员的职责，规范推进合作项目。三是经费支持。合作双方划拨一定金额费用作为医校合作活动专项资金，专款专用，用于专家讲座、咨询坐诊、问题筛查、心理督导、科学研究、社会服务等活动。

四、高职院校心理危机预防与干预体系的完善途径

高职院校心理危机预防与干预工作应将育人目标与应急目标结合起来，不仅要帮助学生将危机的负面影响消除到最小，顺利渡过危机状态，而且要积极促进学生人格完善和个体发展。

(一)配齐专业人员，夯实工作队伍

高职院校不能满足于达到教育部门规定的专职教师配备的最低标准，而应立足实际，以更高标准配备专业人员。在保证人员配备的基础上，学校要充分发挥辅导员的作用，使其切实履行“心理健康教育与咨询”和“校园危机事件应对”两大工作职责，真正成为高职院校大学生心理危机预防与干预队伍中的重要力量。

从全员育人的角度考虑，学校还应将专业教师、宿舍管理人员、安全保卫人员、校医院医生纳入大学生心理危机预防与干预队伍中来，同时加强学生心理社团和班级心理委员的建设和培养，为处在心理危机中的高职大学生建立良好的朋辈支持系统。此外，学校还要加强与学生家长的联系和沟通，通过多种方式邀请其参与到学生心理健康教育和心理危机预防与干预中来，减少阻抗。

(二)加强专业培训，提升工作水平

工作队伍有保障后，学校应根据不同主体的工作职责，开展针对性的专业培训。学校对心理咨询师，应加强心理教育、危机评估、现场处置、哀伤辅导以及综合协调方面的培训；对辅导员，应加强危机识别、谈心谈话、家校沟通方面的培训；对专业教师，应加强沟通技巧、危机识别方面的培训；对医

护人员，应加强精神疾病诊断、精神疾病发作期应对与处置的培训；对宿管及安保人员，应加强危机识别、危机状况应对与处置、相关人员安抚方面的培训；对班级心理委员、宿舍长，应加强心理关怀、危机识别、危机上报方面的培训。

除了对相关人员开展针对性的培训外，学校还应积极运用信息化手段，开发相应的管理系统，对学生的作息状况、学习习惯、消费行为、参与集体活动等相关信息进行采集，建立数据库，与心理测评结果进行比对和关联，依靠大数据分析实行动态预警，同时对危机干预的全过程进行标准化的记载和管理。

（三）完善工作体系，确保协调联动

高职院校应在原有工作基础之上，统筹构建包括识别、干预、评估、跟踪四个环节在内的心理危机预防系统、心理危机干预系统和心理危机干预效果评估系统，进而构建起全链条的高职院校大学生心理危机预防与干预体系。在该体系中，学校要明确相关部门及人员的具体职责、协作方式，明确不同类型心理危机的应对预案以及启动程序，明确不同类型心理危机处理后的效果评估方法，并且需要进行必要日常的协作演练，进而检视体系的运作情况。学校每两年到三年要对工作体系的设定、运行情况进行督导检查，进一步修正调整工作体系，确保工作体系能够有效地发挥预防与干预的作用。

随着经济的不断发展和社会的进步，我国的社会心理服务体系建设水平也会不断提高。届时，包括高职院校在内的各类学校，将实现与家庭、医院、社区的有效联动，形成以学校为中心、以医院为基础、以社区为拓展、以家庭为依托的新工作模式，更好地服务于学生的心理危机预防与干预工作，促进学生的成长。

第二节 心理危机干预对象的识别与评估

一、确定预警指标，早期识别心理危机迹象

（一）确定心理危机的类型和诊断标准

心理危机的预警和干预首先要建立心理危机诊断或识别的客观指标，根据客观指标来对大学生是否存在心理危机作出诊断，并确定其类型，主要

以应激源和应激反应的主要表现来确定心理危机与类型，通常有学业压力型心理危机等9个类型。

通过了解学生心理状态、语言和行为的异常、躯体症状、引起学生心理危机的原因，综合分析归纳心理预警指标。根据大学生预警诊断指标甄别或诊断心理危机类型，确定属于哪种类型的心理危机。例如学生若心情低沉，闷闷不乐，或郁郁寡欢，对任何事情没有兴趣，常头痛心烦，疲倦乏力，常做恐慌梦，悲观厌世，甚至有自杀想法，可分析归纳为精神疾病类型心理危机，诊断为抑郁症。

（二）心理危机干预对象的预警分级

存在心理危机倾向与处于心理危机状态的学生是我们关注与干预的对象。确定学生存在心理危机一般指学生存在具有重大影响的生活事件，情绪剧烈波动或认知、躯体或行为方面有较大改变，且用平常解决问题的方法暂时不能应对或无法应对眼前的危机。根据危机程度的轻重分为三级预警。

1.对出现以下问题的学生，需要引起关注（一级预警）

（1）在心理健康测评中筛查出来的可能有心理问题的学生。（2）因学业困难、经济困难、适应困难、就业困难等而出现心理或行为异常的学生。（3）由于考试作弊、打架、旷课、偷窃或其他行为受到校纪校规处分的，或经常旷课、沉迷网络、攻击他人等行为明显偏离常规的学生。（4）身体出现严重疾病（如患上传染性肝炎、肺结核等），正在服用药物、医疗费用很高但又难以治愈，个人很痛苦，治疗周期长，经济负担重的学生。

2.对存在下列因素之一的学生，应作为心理危机干预的高危个体予以特别关注（二级预警）

（1）在心理健康测评中筛查出来的有心理障碍的学生。（2）生活学习中遭遇突然打击而出现心理或行为异常的学生，如家庭发生重大变故（亲人死亡、父母离异、父母下岗、家庭暴力等）、遭遇性危机（性伤害、性暴力、性侵犯、意外怀孕等）、受到意外刺激（自然灾害、校园暴力、车祸等其他突发事件）的学生。（3）因个人情感受挫、人际关系失调、性格过于内向孤僻等原因出现心理或行为异常的学生。（4）有严重心理疾病（抑郁症、焦虑症、恐怖症、强迫症、癔症、精神分裂症等）的学生。

3.对近期发出下列警示信号的学生，应作为心理危机的重点干预对象及时进行危机评估与干预(三级预警)

(1)在新生心理健康测评中筛查出来的有自杀倾向的学生。(2)讨论过自杀并考虑过自杀方法，包括在信件、日记、图画或乱涂乱画的只言片语中流露死亡的念头者。(3)不明原因突然给同学、朋友或家人送礼物、请客、赔礼道歉、述说告别的话等行为明显改变者。(4)情绪突然明显异常者，如特别烦躁，高度焦虑、恐惧，易感情冲动，或情绪异常低落，或情绪突然从低落变为平静，或饮食睡眠受到严重影响等。

二、大学生心理危机的识别途径

(一)建立学生心理健康报告机制

1.学生班级心理委员和心理信息员报告制度

每个班设立一名班级心理委员，每个学生宿舍设立一名心理信息员(由宿舍长兼任)，心理委员和心理信息员一旦确立原则上不允许更换。班级心理委员和心理信息员要随时掌握班上同学的心理状况，发现同学有明显的心理异常情况要及时向系总支副书记汇报。

2.院系心理健康教育联络员报告制度

学生处在各系设立心理健康教育联络员，由各系指派专人担任。心理健康教育联络员要通过班级心理委员、心理信息员、心理健康协会成员、学生干部、学生党员等及时了解学生的心理健康状况，及时向系总支副书记和学校心理健康教育中心汇报学生重大心理行为异常信息。发现有学生心理问题迅速恶化或新发现有严重心理问题的学生，应将该生的情况迅速以电话形式上报学生处和分管院领导，并在24小时内以书面形式向学校心理健康教育中心报告。

3.学校心理健康教育中心教师心理危机报告机制

心理健康教育中心教师在值班期间发现有学生存在严重心理危机的，应在24小时以内以书面形式报告院学生处及分管院领导。

(二)建立学生心理健康普查和排查制度

1.新生心理健康测评

学校心理健康教育中心每年对全院新生、实习生毕业生进行心理健康测评,根据测评结果筛选出心理危机高危个体,与系心理健康教育联络员一起对这些学生做好危机预防和转化工作。

2.重点人群的排查

各系每年组织对不能毕业的学生进行排查;对大一不及格的学生进行排查;对大二多门课程不及格的学生进行排查;对经济特别困难的学生进行排查;对失恋的学生进行重点排查;对违纪处分的学生进行排查;对人际关系非常困难的学生进行排查。排查结束后要把存在心理危机的学生名单交到学校心理健康教育中心。

(三)建立学生心理健康信息反馈制度

学校心理健康教育中心及时对全院学生的心理健康状况、学生心理危机预警对象名单、学生心理健康测评和排查结果、各系上报的有心理危机倾向的学生名单及其心理评估结果等相关信息反馈各系和分管院领导。院系和心理健康教育中心要进行学生信息的双向反馈,辅导员在日常生活、班级活动、谈心谈话等过程中觉察到学生可能存在心理危机,可以转接到心理咨询中心由心理咨询师进行评估;心理咨询师在咨询过程中通过评估判断发现来访学生存在心理危机,会将危机个案上报心理健康教育中心负责人,由中心负责人对接学生所在院系辅导员进行联合干预。名单及其心理评估结果等相关信息反馈各系和分管院领导。

三、心理危机评估的方法技术

(一)心理危机评估的常用方法

1.观察法

观察法是指在自然状态下有目的、有计划地直接观察学生的心理和行为表现,然后作出评估,是获得心理危机学生信息的常用方法。通过观察法,可以直接观察到危机学生的情感状态、行为功能和认知水平。观察法一般有两种:一种是非参与性观察,是指评估者以旁观者的身份,观察自然环境中发生的一切以及心理危机当事人的状态,与危机当事人和环境之间未发生互动性的交流。另一种是参与性观察,指评估者作为一个参与者参加到评估活动中来,可与心理危机当事人进行互动交流。由于感官的局限,在遵从心理危机干预伦理的情况下,评估者可利用相机、录音笔等设备对当事人心理危机情况进行仔细观察。

观察法的优点是自然真实，简便易行，但观察法受时间和情境的限制，只能看到表面，而且比较被动，观察到的行为也带有偶然性，同时被观察对象还有可能掩盖其真实心理，所以观察到的现象可能是不真实的，因此，必须借助其他方法进行评估。

2.访谈法

访谈法是指评估者通过与评估对象面对面的谈话来获取信息的方法。在所有评估方法中，访谈法应用最广，可获取关于评估对象的深入的、翔实的信息。访谈法可分为结构化访谈和非结构化访谈。结构化访谈制定有特定的流程和问卷题目，对评估对象进行有计划、有层次的问答。非结构化访谈则根据评估对象的状态和需要灵活地进行访谈，旨在深入了解评估对象的内心状态，掌握评估对象的更多信息，为准确评估和有效干预提供指导。

访谈法的优点有很多，可以详尽地获得评估对象的信息和内心想法，对其态度、情绪、动机有较深入的了解，获得观察法不易察觉到的资料，快速评估心理危机的严重程度。但访谈法也有一定局限性，一是访谈受双方时间、精力的限制，同时访谈具有较强的主观性，容易受评估者主观思维、情绪、价值观等影响。二是在被评估者处于严重心理危机状态时，关闭心门或拒绝表达都是常见现象，影响有效信息的获取。三是访谈法需要评估者具备一定的访谈技巧，能够敏锐地察觉问题所在，谨慎引导谈话走向，并适时采取鼓励、陪伴或引导的态度，逐步使被评估者卸下防御，敞开心扉。若访谈技巧使用不当，则可能一无所获，更严重的还会导致被评估者心理危机的进一步激化。

3.心理测验法

心理测验法是指通过标准化的心理测验量表，对被评估者有关心理特质进行定量评价的方法，可以发现各种心理与行为的变化情况。心理危机评估中常用的测验有焦虑与抑郁测验、心理问题与心理障碍的症状和严重程度的测验、应激与压力评估等。心理测验具有稳定性和客观性特点，但需强调的是，在心理危机评估过程中要对量表评分有更精准、更细致的判断，对被评估者评分高低及所对应的程度有更深刻的理解与把握，并能甄别不同程度危机状态的细微差异。另外，心理测验结果的解释还需要与观察和访谈的结果结合起来，才能对心理危机对象作出较为客观全面的评估。

(二)心理危机评估技术

危机评估可以从危机的性质、当事人的功能水平、应对方式、支持系统、自伤或伤人的危险性等几个方面进行,以确定需要实施的干预措施。

1.对危机的性质进行评估

危机干预者首先要了解个体发生的危机是一次性的突发性境遇性危机,还是复发性的慢性危机。对于一次性的危机,通过直接的干预,当事人可较快地恢复到危机前的平衡状态,能够应用正常的应对机制和利用现有资源去处理问题;对于复发性危机的当事人,则往往需要较长时间的干预,且一般应转诊进行治疗。

2.对当事人的功能水平进行评估

危机干预者要对当事人心理伤害的严重程度作出迅速的评估。首先要关注当事人现有的功能水平,以保证作出客观评价,可通过一些开放式提问了解其情绪、认知和行为状态。同时还应尽可能地把当事人当前的状态与危机前的功能水平进行比较,以确定在危机发生后,当事人情感、认知、行为功能水平的损害程度、目前的状态是否长期存在等。对功能水平的评估应该贯穿危机干预的全过程。

3.对当事人的应对方式、支持系统和其他资源进行评估

危机干预者要充分考虑当事人对待危机事件的观点、能动性以及解决问题的能力,替代的解决办法及干预者的客观建议,也应该与当事人共同讨论并逐步评价,具体的建议由当事人作出自己的选择,采纳并转变为计划和实际行动。危机干预者需要思考评估:当事人现在采取何种行动或选择能恢复到危机前的状态,有哪些人或机构能给予当事人关心、帮助和支持,对当事人有益的资源有哪些,当事人恢复过程中有哪些障碍和问题等。

4.危险性评估

包括对当事人自杀和杀人可能性的评估。绝大多数危机当事人在产生过激行为之前,往往会表现出特定的线索。在倾听当事人情绪宣泄的同时要具体询问,是否真的有自杀的具体想法和计划。在了解危机对象情况的过程中,有许多因素属于危险因素,这些因素可以帮助我们评估危机对象自杀的危险程度。自杀的危险因素包括:(1)个体曾经有自杀未遂史。(2)个体

已经形成了一个特别的自杀计划。(3)个体最近经历了心爱的人去世。(4)个体因家庭损失,遭受他人虐待、暴力,或性侵害而失去稳定。(5)个体陷入特别的创伤损失而难以自拔或陷于以前经历过的躯体、心理或性虐待的情结中不能自拔。(6)个体有抑郁症或处于抑郁症的恢复期,或最近因抑郁而住院。(7)个体有药物和酒精滥用史。(8)个体最近有躯体和心理创伤或有严重的绝望和无助感。(9)个体有特别的行为或情绪特征改变,如冷漠、退缩、隔离、易激惹、恐慌、焦虑,或社交、睡眠、饮食、学习、工作习惯出现异常。当个体属于以上情况时,应引起高度关注。

第三节 心理危机干预的操作方法和常用技术

一、心理危机干预的操作方法步骤

危机干预学者格林兰和詹姆斯在多年的实践中,探索出危机干预六步法,包括确定问题、保证当事人安全、给予支持、提出并验证可变通的应对方式、制定计划、得到承诺。它简单易行,适用于任何危机状况。我国心理危机干预研究学者马喜亭等在此基础上,结合高职大学生,进一步总结出心理危机干预的操作方法步骤。

(一)初次接触

我们得知某个学生存在心理危机,有时候是学生主动告知的,有时候是通过其他渠道获知的。无论通过哪种方式获得心理危机信息,在初次接触中,都要尽快打消学生的顾虑,让学生意识到我们是可以交流的对象和支持源,是可信任的人。尤其是从其他渠道获得危机信息时,更要让学生明白这点。另外,让危机学生知道接下来会发生什么也至关重要。为此应注意两点:一是与学生建立沟通和心理连接,二是对即将发生的事澄清目的。

第一,建立心理连接。为了建立有效的心理连接,在第一次与危机学生交谈时,我们要让学生认识到危机干预工作者的出现对他们来说不是威胁,而是一种帮助;是在尝试帮助他们解决问题,而不是担心害怕、推卸责任。这种交流,应该是轻松友好的,而不是对抗的。危机干预时本着为学生着想的态度,才能打开学生内心的大门。第二,澄清目的。这意味着让危机学生了解危机干预的过程,以便能够预想下一步可能发生的事情。学生有权利知道别人会对自己做什么，澄清目的也是对学生的尊重。在与学生交流的过程中，可以运用最基本的倾听技术了解学生的情况，并通过进一步反馈，告知危机学生接下来将要发生什么事情或可能引起什么样的后果等。

（二）确定危机

心理危机干预的初期任务是确定并理解危机。从危机学生的角度，确定和理解当事人所认识的问题。为了确定危机，可使用积极倾听技术，还可运用共情、理解、真诚、接纳以及积极关注等方法，包括使用开放式问题。注意当事人的语言信息，也注意其他非语言信息。在这个阶段，我们应该明确，现在只是确定危机，可能需要发现对情绪、行为和认知产生影响并导致危机的刺激事件，但不必急于完全挖掘危机学生的各种心理因素和既往经历等。因为一旦揭开伤口，我们如何将它包扎好会是一个更严峻的考验。

（三）提供支持

处于危机状态的学生，比其他任何时候都更需要支持。心理危机干预工作的重要任务就是给危机学生提供他所需要的支持，我们要用真诚和温暖让学生感受到来自危机干预工作者的关心与在乎。教师应向危机学生强调并保证：至少在这里有个人是真正关心你的。从学生角度出发，我们应该提供以下三种支持。

第一，心理支持。当前最重要的就是提供心理支持。这意味着，我们要无条件地积极关注、接纳面前的这位学生，不论他是否接纳自己。我们要对学生所处的状况，表示高度的关切与回应，让学生相信“这里有一个人确实很关心你”。第二，现实支持。学生的很多心理危机都是由现实因素引起的。这种情况下，解决学生的心理问题就要与解决实际问题相结合，为危机学生提供力所能及的必要支持，如经济补助申请、学习困难帮扶、人际关系协调等。学生最基本的需要得到满足后，心理问题也会慢慢解决。第三，社会支持。这是指为危机学生建立或恢复主要的社会支持系统，如家庭、朋友、同学等。在日常的咨询工作中，我们发现大部分前来咨询的学生，其社会支持系统是不完整的。因此，为学生提供社会支持是明智而正确的选择。

（四）确保安全

本着“生命第一”的原则，在整个危机干预过程中，确保生命安全是所有助人工作中默认的任务。这里的安全,既包括危机学生的安全,也包括与危机学生互动的有关联的人员的安全,还包括危机干预工作者自身的安全。所以,我们在干预中要将评估危机学生及其周围人员的安全贯穿始终,确保学生能够活下来,或者将造成的伤害降到最低限度。评估危机学生的内部事件及围绕当事人的情景,如果必要的话,保证本人知道代替冲动和自我毁灭行动的解决方法。

(五)替代方案

寻找替代方案是危机干预的一项重要任务,是与危机学生一起探索可能获得的一系列资源,比如转介资源等。处于危机中的学生,他们的视野非常窄,思维僵化,找不到有效的应对办法。所以当与学生讨论解决方案时,他们更倾向于寻找一项或两项具体的计划或行动。但作为危机干预工作者,我们仍应集思广益,尽量找到一系列解决问题的可能性,但不必全部与学生讨论。寻找替代方案要集中于“此时此刻”,可着重考虑三个方面,即情境支持,应对机制,积极的、建设性的思维方式。我们的目标是在短时间内找到有效替代方案并付诸行动,从而缓解危机学生的压力。危机管理学专家建议,危机干预工作者需要经常回答类似的问题:当事人可以作出怎样的行为和选择以便维持自己的自主性?当事人能采取什么样的应对机制?可以获得什么样的机构资源、社会资源或支持系统?谁会关心并且愿意帮助当事人?等等。

(六)制定计划

危机学生的一个明显特点是感到自己失去了控制,一切处于混乱状态,认为任何努力都是无用的。所以,危机干预中很重要的一步就是帮助危机学生获得自我控制的能力,也就是说,我们要通过制定合理的计划来指导危机学生解决他们的问题。制定计划应在寻找替代方案之后顺理成章地进行。我们最终选择的方案应该是最适合学生,而且是最有效的。这个计划包括:找到能够立即提供帮助的其他人、团体和其他转介资源;提供积极具体的应对机制以及学生现在能够使用的方法。计划的重点是系统地解决问题,核心是学生感到自主和控制。所以,对于危机学生而言,这个计划一定要具有可操作性。

（七）获得承诺

帮助危机学生向自己承诺采取确定的、积极的行动步骤，这些行动步骤必须是求助者自己的，从实现的角度来看是可以完成的或是可以接受的。在结束危机干预前，危机干预工作者应该从危机学生那里得到诚实、直接和适当的承诺。在这项任务中，让危机学生承诺做些有用的事是非常重要的。我们都知道，当一个人忙碌的时候，可能就不会胡思乱想了。这对于处于危机状态中的学生来说同样适用，当他们投入精力去完成一件事情时可以减缓痛苦，甚至阻断绝望、提升希望。承诺的内容必须明确、简单、可操作，而且这份承诺应该是自由、自愿的，并且学生相信对自己是有用的而不是危机干预工作者强加给危机学生的。

（八）危机随访

这里的危机随访并不像危机善后阶段那样需要进行数天、数周甚至数月的追踪关注，而是指危机后的几分钟、几小时或者几天的随访。在这种短期随访中，辅导员或心理咨询师可以明确告诉危机学生，即使危机暂时缓解，我们也会陪伴他。这种表达，对于强化危机学生的平衡状态非常重要，尤其是对于缺乏其他社会支持系统的学生。

二、心理危机事件中不同对象的干预措施

（一）对有自杀意念学生的干预措施

发现或知晓某学生有自杀意念，即该生近期有实施自杀的想法和念头，要密切关注，视其严重程度采取以下措施：第一，辅导员立即将该生转移到安全环境，通知该生家长到校，所在系成立监护小组对该生实行24小时全程监护，确保该学生人身安全，直至转交家长。第二，要求学生家长将学生送至专门的精神卫生机构进行诊断、治疗，根据医院诊断情况给予学生相应的休假或休学处理。第三，学生返校时需出具治疗医院给予的康复证明，证明学生心理、社会功能恢复正常，可在校正常生活学习，并到咨询中心接受鉴定，确认其已经康复，方能返校读书。

（二）对实施自杀行为学生的干预措施

第一，对刚实施自杀行为的学生，处在第一现场的学生或辅导员要将学

生立即送到校医院实施紧急救治。第二,学校保卫部门及时保护、勘察、处理现场,防止事态扩散和对其他学生的不良刺激,并配合、协调有关部门对事件调查取证。第三,对自杀未遂的学生,辅导员应通知家长将该学生送至专业精神卫生机构治疗并给予休学处理。学生返校时需出具治疗医院给予的康复证明。此类学生一般不宜留校住宿,如果留校辅导员需与家长签署《安全协议》或由家长陪读,家长监督需服药的学生按时服药,无医嘱不能擅自停药。第四,正确应对新闻媒体,防止不恰当报道引发的负面影响。

(三)对有伤害他人意念或行为学生的干预措施

第一,所在系及学校保卫部门应立即采取相应措施,保护双方当事人安全。第二,心理咨询中心联合相关专家对该学生的精神状态进行心理评估或会诊并提供书面意见,各系根据评估意见进行后续处理。

(四)对危机知情人员的干预措施

危机过后,需要对知情人员进行干预。第一,对危机事件发生时处于第一现场或危机人员的重要他人,需在事件发生后立刻进行持续关注,采用支持性干预措施,预防创伤后应激障碍。第二,对危机事件发生受到波及的次重要他人,可以利用支持性干预或团体心理辅导策略,通过班级辅导等方法,协助经历危机的大学生及相关人员,如同学、辅导员及危机干预人员正确处理危机遗留的心理问题,尽快恢复心理平衡,尽量减少由于危机造成的负面影响。

三、心理危机干预常用技术

(一)心理危机干预的三大基本技术

1.沟通和建立良好关系的技术:获得信任

如果不能与危机当事人建立良好的沟通和合作关系,则干预及有关处理的策略较难执行和贯彻,就不会起到干预的最佳效果。与危机当事人建立和保持良好的沟通和相互信任关系,有利于危机当事人恢复自信和减少对生活的绝望,保持心理稳定和有条不紊的生活,以及改善人际关系。建立关系的注意点:第一,消除内外部的“噪声”(或干扰),以免影响双方诚恳沟通和表达的能力;第二,避免双重、矛盾的信息交流,如工作人员口头上对危机当事人表示关切和理解,但在态度和举止上却并不给予专心的注意或体贴;第三,避免给予过多的保证,尤其是那种"夸海口",因为一个人的能力是有限的;第四,避免应用专业性或技术性的难懂的言语,多用通俗易懂的言语交谈;第五,具备必要的自信,利用可能的机会改善危机当事人的自我内省、自我感知。

2. 支持技术:稳定情绪

主要是给予精神支持,而不是支持危机当事人的错误观点或行为。这类技术的应用旨在尽可能地解决目前的危机,使危机当事人的情绪得以稳定,可以应用暗示、保证、疏泄、环境改变、镇静药物等方法,如果有必要,可考虑短期的住院治疗。有关指导、解释、说服主要应集中在放弃自杀的观念上,而不是对自杀原因的反复评价和解释,将重点放在打消危机当事人自杀的想法上,鼓励危机当事人看到替代的选择和拥有的资源是非常重要的。同时,在干预进程中须注意,不应带有教育的目的,教育虽说是干预者的任务,但应放在危机解除后,在康复过程中进行。

3. 干预技术:问题解决,促进行动

干预技术的基本策略是:主动倾听并热情关注、给予心理上的支持,试图接纳危机当事人的想法和行为,表达出自己是能够给予其关心和帮助的人,让危机当事人相信"这里有一个人确实很关心我",相信愿意帮助他一起寻找解决问题的方法;鼓励危机当事人表达内心情感,耐心倾听,让他有机会将内心积郁的情绪通过语言表达出来,将对危机当事人释放情绪与减压有很大帮助;解释危机发展过程,使危机当事人理解其处境及他人情感,重拾自信;让危机当事人看到希望,引导危机当事人寻找活下来的理由,如对亲人的牵挂和责任、一些未完成的愿望等;保持乐观心情,培养其兴趣,鼓励其参与社会活动;发挥社会系统支持作用,帮助危机当事人寻找环境的支持,使他多与身边人接触,减少孤独与隔离感;让危机当事人学会对付困难和挫折的一般性方法,这不但有助于渡过当前的危机,而且也有助于适应以后的生活。

(二)危机干预中的交流技巧

1. 接纳并关注

危机干预者首先要完全、无条件地接纳危机当事人,理解他的情绪和行为，能平静地面对危机当事人表现出的绝望、焦虑甚至敌意，这样才可为他营造安全和信任的氛围；同时还要尊重危机当事人的观念和境遇，保持价值中立，不对他的想法和行为简单地进行好坏评判，以使危机当事人感到被尊重、被接纳。

危机干预者还应使危机当事人意识到自己被密切关注。在危机当事人叙述的过程中，应保持全身心地倾听与关注。与危机当事人保持适度接近的距离，注意不要面对面，这样会让危机当事人感到紧张和不安；要通过点头、保持眼神接触、微笑、给予适当的言语反馈（注意语调和措辞）等，向对方传达出关心参与和信任的态度。通过对危机当事人的关注，可以密切注意其言语和非言语反应，掌握危机当事人未明确表达出的信息，这有助于建立起信任关系。

2.倾听

倾听是危机干预中必不可少的环节，倾听并非仅仅用耳朵听，更需要用心去感受危机当事人的心理状态。倾听技能应包括观察危机当事人的非言语行为，如姿势、表情、举动、语调等；理解危机当事人言语所传达的信息；注意叙述的前后连接；并与其生活的社会环境相关联等。

在倾听过程中，对危机当事人的理解和共情非常重要。当不能确定是否完全领会了危机当事人所要表达的意思时，要向危机当事人确认。让危机当事人知道，危机干预者正在准确地领会其所描述的事实和情绪体验。此外，还要恰到好处地运用共情，设身处地去体验危机当事人的内心世界，能够立足于危机当事人的情感立场，用危机当事人的眼睛看世界，并用自己的方式表达其内心体验。

3.提问

包括封闭式提问与开放式提问。封闭式提问用于向危机当事人了解特别的或具体的资料，对某些特别行为资料进行确认，以“是”或“否”来回答。在危机干预的初期阶段，常使用封闭式提问，用来确定某些特殊资料，帮助危机干预工作者快速判断正在发生什么。开放式提问一般以“什么”或“如何”来进行，要求进行深入和详细的表达。鼓励危机当事人完整地叙述经过并深入地表达其内涵，常用来引出有关危机当事人感情、思维和行为方面的内容。

4.适当沉默

在危机干预的交流过程中,危机当事人很可能出现长时间的沉默,这时危机干预者不要试图发表意见来打破这段沉默,更不要反复去催促危机当事人作出回答。危机当事人需要时间进行思考,连珠炮式的提问和无休止的说教无助于解决危机,反而会使危机当事人厌烦,而适当保持沉默会加深理解和达到共情。危机干预者应不加限制地让危机当事人进行思考,一段长长的沉默之后,往往会出现有价值的信息。在这段时间内,危机干预者可以对危机当事人的表现进行消化和理解,给自己充裕的时间来思考如何更好地掌控局面。

5.适度引导

在危机干预实际操作中,为控制事态发展,危机干预者应常常给予危机当事人一些直接、明确和适度的指导。“适度”表现在:不对危机当事人的人格进行评判;不能通过情绪反应等流露出对危机当事人的好恶感情;对于危机当事人的行为作出价值引导;适当使用表扬、鼓励等正强化来表达对危机当事人良好表现的赞赏。

6.非言语交流

危机当事人可能会通过不同的身体语言来表达自己的情绪,如愤怒、恐惧、忧郁、怀疑和绝望等。危机干预者要关注这些非言语的内容是否与危机当事人的言语表达相一致,发现与危机当事人言语不一致的信息,也不要过多地对躯体语言进行推测。与此同时,危机干预者必须重视自己的非言语表达,并使之与自己的言语表达相一致,向危机当事人传达关注和理解的信息。非言语内容可以有多种方式来表达,目光接触、上身前倾、语调、眼神变化、面部表情,包括房间的布置等,都应该让危机当事人感到放松、平静,认为自己所处的环境是安全的,对方是可以信任的,并且愿意毫无保留地接纳他,为他提供帮助。

(三)心理危机急救技术

1.稳定情绪技术要点

(1)倾听与理解。目标:以理解的心态接触危机当事人,给予倾听和理解,并做适度回应,不要将自身的想法强加给对方。

(2)增强安全感。目标:减少危机当事人对当前和今后的不确定感,使其情绪稳定。

(3)适度的情绪释放。目标:运用语言及行为上的支持,帮助危机当事人适当释放情绪,恢复心里平静。

(4)释疑解惑。目标:对于危机当事人提出的问题给予关注、解释及确认,减轻其疑惑。

(5)实际协助。目标:给危机当事人提供实际的帮助,协助其调整和接受危机事件,尽可能地协助危机当事人解决面临的困难。

(6)重建支持系统。目标:帮助危机当事人与主要的支持者或其他的支持来源(包括家庭成员、朋友、社区的帮助资源等)建立联系,获得帮助。

(7)提供心理健康教育。目标:提供危机后常见心理问题的识别与应对知识,帮助危机当事人积极应对,恢复正常生活。

2.放松训练技术要点

包括:呼吸放松、肌肉放松、想象放松。分离反应明显者不适合学习放松技术(分离反应表现为:对过去的记忆、身份的觉察、即刻的感觉乃至身体运动控制之间的正常的整合出现部分或完全丧失)。

(1)呼吸放松。呼吸放松法是指一种通过呼吸调节能缓解紧张情绪的方法。训练时坐姿、卧姿、站姿都可以,呼吸以深、长、慢为主,要把气吸足、吸饱。一般提倡腹式呼吸,吸气的时候膈肌下降,腹部内敛,呼气的时候膈肌上升,腹部外凸。在做深呼吸时要将主要精力放在呼吸的一呼一吸当中,让自己体验呼吸过程中的放松状态。

(2)肌肉放松。肌肉放松法也是一种重要的放松方式,其原理是先让人感受紧张再让人体验松弛。没有紧张感就很难真正体会松弛感,所以先紧张后放松能使人更充分地享受放松的效果。这个方法要求先绷紧后放松身体各部分的肌肉,把不必要的紧张感全部释放出来。

(3)想象放松。想象放松法主要通过唤起宁静、轻松、舒适情景的想象和体验,来减少紧张、焦虑,引发注意集中的状态,增强内心的愉悦感和自信心。通常结合其他的一些方法,比如暗示、冥想等进行。

3.心理辅导技术要点

通过交谈来减轻危机事件对当事人造成精神伤害的方法,个别或者集体进行,自愿参加。

(1)目标。在危机事件发生后,为危机当事人提供心理社会支持。同时,鉴别危机当事人中因危机事件受到严重心理创伤的人员,并提供到精神卫生专业机构进行治疗的建议和信息。

(2)过程。第一,了解危机事件后的心理反应。了解危机事件给人带来的应激反应表现和危机事件对自己的影响程度。也可以通过问卷的形式进行评估。引导当事人说出在危机事件中的感受、恐惧或经验,帮助危机当事人明白这些感受都是正常的。第二,寻求社会支持网络。让危机当事人确认自己的社会支持网络,明确自己能够从哪里得到相应的帮助,包括家人、朋友及社区内的相关资源等。画出能为自己提供支持和帮助的网络图,尽量具体化,可以写出他们的名字,并注明每个人能给自己提供哪些具体的帮助,如情感支持、建议或信息、物质方面等。强调让危机当事人确认自己可以从外界得到帮助,有人关心他/她,可以提高危机当事人的安全感。第三,应对方式。帮助危机当事人思考选择积极的应对方式;强化个人的应对能力;思考采用消极的应对方式会带来的不良后果;鼓励危机当事人有目的地选择有效的应对策略;提高个人的控制感和适应能力。

第七章 心理普查与测评

心理普查在高职院校心理健康教育领域发挥着独特的作用，它能够有效地提高心理健康教育工作的科学性和针对性，通过心理普查，能将大学生群体中可能存在心理问题的学生初步筛查出来，为后期心理干预提供科学依据；心理普查能够科学地确定大学生心理问题的特点及类型，为高职院校心理健康教育工作提供有效支持，从而有效地提高大学生心理健康教育工作的效率和效果。大学生心理健康状况普查工作是科学性、系统性的工作，如何使大学生心理普查工作体系更加完善，使之更加制度化和科学化，以便能够为高职院校的学生教育与管理工作提供真正科学的参考依据，是高职院校心理健康教育工作者研究的重要课题。

第一节 心理普查工作的开展

一、心理普查工作开展的目的和意义

高职院校开展心理普查工作是从关注学生发展角度出发的，是为了促进学生更好地了解自己的心理状况和心理特征，以便促进自己心理素质的发展。新生入学后会有一次体检，体检是检查一个人的身体是否健康，而心理普查则是检测一个人的心理是否健康，它是心理专业人员运用心理学的技术、方法和手段，在收集相关资料的基础上，评定某一人群的心理健康状况的过程。

第一，对学生来讲，可以给他们增加一个了解自己的途径和机会。大一是人生中的一个重要转变期，通过心理普查，可以让学生多一个途径来了解自己，可以有针对性地在大一的适应过程中学会如何转变，开发心理潜能，促进心理成长，增强心理保健意识。

第二，对学校来讲，通过心理普查，把潜在有心理障碍的学生筛查出来，进行及时干预与有效预防，避免心理危机事件的发生，是该工作的重要目的。同时，通过心理普查可以使学校及时全面地了解新生入学后整体的心

理健康状况，针对学生心理上共同的特点，制定合适的心理健康教育措施，从而使学校的心理健康教育工作更有针对性和实效性，使之更有效地促进学生心理素质的健康发展。

二、心理普查工作开展的流程及注意事项

每年的新生心理普查工作流程是：新生数据录入测评系统—网上测试—统计分析、筛查复查—回访辅导、跟进干预—建立档案、撰写报告。

新生数据录入系统：每年9月底10月初，心理健康教育中心从教务处拿到各院系的新生数据（包括学号、姓名、性别、出生日期等信息），汇总后进行编号、设置登录名和密码，然后导入心理教育信息化管理系统，并把每名学生的登录名、密码反馈到各院系，在普查开始前由新生辅导员告知各班学生自己的登录名（学号）和密码。

心理普查测试阶段：一般在10月下旬开展，普查前由心理健康教育中心对新生辅导员进行主试培训（包括后续的约谈复查），各院系新生辅导员组织本班学生集中进行网上测试（可在机房、计算机课堂或手机端上测试），要求在规定时间内完成，务必保证每名新生按要求完成测试（如果有些学生没有按期参加测试，最后统一进行安排补测）。

心理筛查复查阶段：全校新生完成网上心理测试后，由心理健康教育中心进行统计，筛选出测评结果显示为异常的学生并反馈给各院系，同时在规定时间内（一般在11月中旬）安排心理咨询专兼职教师集中对这些学生进行复查约谈，复查前需由各系班级辅导员通知学生复查的时间和地点。

回访辅导：由心理咨询师和班级辅导员对筛查复查后确有心理问题的学生一一进行回访跟进，进行心理辅导或危机干预工作。

建立心理档案，撰写心理测评报告：根据心理测试结果，为每个新生建立心理档案，同时撰写新生心理测评报告，分析新生中存在着的突出心理问题，提出针对性的建议供学校学生管理部门参考。整个心理普查过程的完成一般需要持续三个月左右。

进行心理普查时要注意以下几点：第一，心理测试的优点在于能够比较快而多地了解各类人的不同心理状态与特点。它的一个非常致命的缺点是受环境的影响与暗示、被测试者当时的心理状态等因素的影响较大。所以，心理测试尽可能集中安排一个时间统一进行，一定要选一个合理的时间、合理的地点，要得到新生的通力合作。第二，心理测验的答案没有对错之分，

它只是用一定的数值来衡量一个人的心理健康状况，因此要求学生在做心理测验时根据自己的实际情况如实填写，无须参考他人的答案，这样才能对自己负责，检测出自己相对真实的心理健康状况。第三，参加心理测评时，要求被测试者凭第一感觉认真作答，不需要过多地思考每一道测验题目，不要作假或故意选择极端答案。第四，在普查测试开始前，各院系新生辅导员一定要向学生讲明心理测评的目的和意义，并做好以下内容的讲解工作：(1)测试遵循保密原则，测试结果仅由心理健康教育中心存档，以便在需要时为学生提供更恰当的心理健康服务。(2)测试结果对学生学习、参加社团、奖励、就业等不造成任何影响。(3)测试选用的量表具有良好的信度、效度，能帮助学生更好地了解和认识、提高和完善自己。因此，学生要真实地作答。(4)每名新生都要参加心理普查，且必须在规定时间之内认真完成问卷测试，不能替别人或找人代替自己参加测评。

三、心理普查工作存在的问题及其改进

(一)高职院校心理普查工作存在的问题

1.心理普查所使用的工具以临床测验为主，适切程度欠佳

有关调查显示，目前高职院校心理普查使用的工具以临床测验为主，其中使用频率最高的是90项症状清单(SCL-90)。该测验主要用于临床诊断，其设计初衷是测查精神病门诊患者的症状行为，但在引入国内的过程中，其测评对象逐步从精神科病人扩展为正常人群，测量目标也由精神症状扩展为心理健康。实际上，SCL-90测验的题目主要来自精神疾病症状学，涉及思维、情感、行为、人际关系、生活习惯等诸多方面。这些题目可以很敏感地把存在心理问题的个体的某种精神症状及其严重程度标示出来，但问题在于，即使是心理健康的个体，也可能存在测验题目所说的情形，如感到孤独、过分担忧、经常与人争论等，他们在回答这些题目时也可能作出肯定的选择，从而产生所谓的“假阳性”现象而被筛查出来。

2.以自陈测验为主，表面效度太高

由于人数众多，为提高效率，高职院校心理普查一般采用团体施测的形式，施测方式广泛使用题目结构明确、反应方式固定的自陈测验。自陈测验的题目由一些与所要测量的心理特征相关的陈述句或问题组成，要求被试

者逐一回答，但这类测验存在表面效度太高的先天缺陷，被测试者通过题目能够很容易看出测验想要测查哪些方面的心理特征，这一点在SCL-90等临床测验上体现得尤为明显。仔细分析这些测验的题目，便会发现它们绝大部分是关于身心方面的负性陈述，如难以入睡、焦躁不安、缺乏自信等，然后要求被测试者在是否或程度轻重等选项上进行选择。这种高表面效度不可避免地会使部分注重印象整饰的大学生产生防御心理，刻意伪装或隐瞒自己的消极状态，这就违背了这种测验"被测试者应该真实作答"的基本假设。这种情况下，心理测验的效度必然很低，因此心理健康普查的效用也大打折扣。

3.测验软件所使用的筛选标准缺乏及时性与针对性

心理测验软件的广泛应用，给高职院校心理普查工作带来了极大的便利，但在实际使用中也存在着过度依赖的情况，即只是按照软件给出的结论对学生的心理状况进行解释、评价和筛选。但事实上，测验软件输出的文字毕竟只是几句似是而非的"套话"，缺乏个体性与独特性；测验软件所使用的筛选标准也只是基于陈旧的一般常规模式而设定的，缺乏及时性与针对性。由此可见，仅仅依赖测验软件，会使得测验信息的挖掘不够丰富、全面，普查结果的运用也不能准确、充分。

4.新生心理普查开展时间不当

大部分高职院校往往根据大学新生教育管理的时序要求，通常将心理普查安排在第一学期，或在入学后1～2周完成，或在军训结束后1～2周完成。但不可忽略的是，新生在刚入学的第一学期，普遍面临诸多生活应激事件，如环境改变、人际矛盾、习惯重塑、军训压力等，有研究表明，应激事件越严重，学生的心理健康水平越低。此时，用SCL-90等状态性测验对学生进行心理普查，往往会高估其心理问题的严重程度。因为，上述生活应激事件所衍生出的问题，更多地属于情境性问题、发展性问题或成长性问题，一般会随着时过境迁、认知重构或适应能力增强而逐渐减轻消失。被筛查出的心理高危学生中，多数个体面临的问题仅仅是新生适应不良的发展性问题，一个月后的约谈发现，经过一段时间的调整，其中绝大部分学生都已能够调适自我，适应当下。

5.主试素养不够专业

随着心理测验软件的普及，高职院校的心理普查基本上都是采用电脑施测的形式。在这种场景下,施测似乎就变成了一种简单自动的人机对话过程。这种错觉导致部分高职院校对主试专业化的重要性认识不足:没有进行专门的培训,就直接要求班主任、辅导员,甚至是大学生心理协会的学生到场组织实施。这可能会带来诸多问题:施测现场缺乏必要的专业“仪式感”,影响学生的答题态度;主试对施测现场的“控制力”不够,对学生的一些诸如出声读题、观看他人答题等不当行为未能及时有效加以制止;因为缺乏专业的心理健康方面的知识与素养,主试对学生提出的有关测试题方面的问题不能进行专业解答等,这些现象都会影响心理普查结果的有效性。

6.心理普测结果反馈不够规范,约谈干预工作不够及时

一些高职院校在对心理普查结果进行反馈时,采用的是层级式的“上传下达”的方式,即由学校心理健康教育中心反馈给各二级院系,二级院系再通过各班级的辅导员或班主任反馈给班级学生。但辅导员、班主任的心理健康专业素养良莠不齐,这会导致许多问题的产生。最为严重的便是,有些辅导员、班主任或是工作习惯的原因,或是保密意识的缺乏,直接将普查结果在班级QQ群或微信群发布,让班级同学都能看到其他人的结果。但学生对结果报告里的某些术语,如“神经质”“精神质”等缺乏专业解读,对结果报告的某些结论,如“存在严重的心理问题”等也没有全面认知。这样,极有可能以讹传讹,给部分被筛选学生造成不必要的伤害。同时,由于筛查出来的人数较多,学校专兼职心理教师有限,难以在短时间内对筛查出来的学生完成访谈,结果造成对于真正存在严重心理问题的学生的干预辅导工作不够及时。

(二)改进心理普查工作的方法途径

1.优化心理普查工具组合

从横向上,可以采用“状态”加“特质”的测验组合方式。状态类测验主要指心理健康评定方面的临床测验,如SCL-90、大学生人格问卷(UPI)等。这类测验主要检测最近一段时间(一个星期到一个月)的心理健康状况,其结果只是对当下心境的反映,无法对今后的心理健康状况进行较好的预测。状态测验的作用在某种程度上类似于体温计,反应灵敏,且可以在不同时间反复使用。特质类测验主要指人格评估方面的测验,如卡特尔16种人格因素问卷(16PF),艾森克人格问卷(EPQ)等,这类测验既可以用于正常个

体的人格评估,也可以从相对稳定的人格特质的角度来提示个体的心理健康状况,如:16PF的忧虑性和紧张性特质,EPQ中的神经质和精神质维度等均与心理健康有着密切关系。相关研究显示,将EPQ、UPI相结合使用开展心理普查是个较好的选择。

从纵向上,可以采用“简单”加“专业”的测验组合方式。考虑到大学生心理健康状况总体上是好的,因此,在面向全体新生开展初次心理普查时,可以使用一些题量较少、结构简单、筛选便捷的心理健康测验,如UPI等。对于筛选出来的部分可能存在心理问题的学生,可以在约谈时再行施测一些相对专业化的专门测验,如焦虑自评测验(SAS)、抑郁自评测验(SDS)、自杀意念问题(SOISS)等。先用UPI对全体大学新生进行普查,然后对筛选出来的“一类学生”进行SCL-90的测查,最后结合两种测验的测查结果,筛选确定重点观察对象,这样不仅能提高筛选正确率,还提高了工作效率。

此外,针对心理普查所使用量表的效度不高问题,可将投射类测验引入心理普查工作,如房、树、人绘画心理测验等,能有效弥补自陈式量表存在的表面效度高、难以绕过被测试者防御心理的问题。投射测验因测量目的的隐蔽性和反应方式的自由性,可以很好地避免自陈测验的缺点。尽管投射测验存在记分困难、不易解释等不足,但研究者已探索其细节特征的临床意义并进行量化,这一点在房、树、人测验上已经比较成熟。通过房、树、人心理测验,可以绕过被测试者防御机制,投射出绘画者内心的人格特质、心理状态、家庭关系等信息,具有较高参考意义。经过研究者在高职院校的初步实践,房、树、人绘画测验存在操作简单、可以大规模集体施测、受文化影响较小等特点,适合于心理普查工作。在新生心理普查中,投射技术和问卷技术的综合应用是未来发展趋势,也是提高新生心理普查科学性、有效性的重要手段。

2.完善心理普查实施程序

做好心理普查的宣讲工作。心理普查所使用的心理健康测验、人格测验等均属于典型行为测验,其特点是要求被测试者按照通常的稳定态度和习惯方式作出反应。因此,被测试者的测验动机直接影响普查结果的真实性和有效性。在心理普查实施之前,可以由辅导员在召开心理主题班会时或通过“大学生心理健康教育”等课程向新生宣讲心理普查的目的、意义和作用,让他们知道心理普查不仅可以知晓自己的心理健康状况,还可以了解自己的人格特征、职业倾向等。这样可以激发大学生参加心理普查的动机，从而避免因为对心理普查心存芥蒂而虚假作答，或不知所以而敷衍了事等情形。

3.恰当选择普查的时间

心理普查所使用的心理健康测验、人格测验等均是对心理活动的间接测量，即只是通过被测试者对测验题目的反应来推测其心理状况。新生在入学之初会面临许多应激事件，在测验题目上的“阳性”回答也会相应增多，从而夸大心理问题的严重程度。因此，新生心理普查应该避开这一“多事之秋”。一般而言，可以考虑在新生入学两个月之后进行。因为，此时的大学生活已经进入一种相对平稳有序的状态，绝大部分新生业已适应这种生活。这样可以把那些真正存在适应问题或人格有缺陷的个体筛查出来，从而提高心理普查筛选的正确率。

4.注重主试的专业作用

心理普查所做的心理测评问卷是对心理活动的客观测量，要做到客观化，就必须对测量的4个环节——测验题目、施测过程、评分计分与结果解释进行标准化。在电脑施测普及的背景下，测量的标准化就重点体现在施测过程和结果解释这两个环节上，而主试的专业素养对于施测过程的标准化至关重要。就心理普查而言，建议由受过专门培训的有一定专业背景的心理教师或辅导员担任主试，具体指导学生的答题过程。首先要注重施测时的“场面设定”，如安静、有序、独立等；其次，要强化“指导语”的作用，如测验对时间范围的要求、真实作答、无对错之分、直觉反应等。此外，主试还需要对学生提出的与测试题有关的具体问题给出专业化的解答。

5.规范心理普查结果运用

心理普查是一项专业性极强的工作，尤其体现在普查结果的反馈和运用上。对于消极心理筛查而言，可以由高职院校的专兼职心理教师对筛选出来的疑似存在心理问题的学生直接进行约谈，而不应简单地层层下发最后交由班主任、辅导员解决，这样可以提升这项工作的科学性和专业化程度。约谈首先应该分析被筛选学生的测验报告，要让他们充分参与结果的解释，比如：自己对这个题目是如何理解的？当时为什么在这个题目上做阳性选择？这样可以对被筛选学生的测验结果进行客观恰当的理解。考虑到测验只是诊断心理问题的一种辅助工具，约谈应将心理普查结果与观察访谈资料相结合，从而对被筛选学生的心理健康状况作出全面科学的评估。对于积极心理挖掘来讲，高职院校可以通过心理健康课程或心理健康社团等平台，对新生的人格测验结果进行集体反馈或个别解读。这样，可以避免心理普查的结果被束之高阁，从而最大程度地发挥这项工作的作用。

6.分级分类开展约谈跟进工作

高职院校在每年的心理普查后，筛查出危机、异常和严重心理问题的学生需要进行一对一标准化程序的个体约谈，由于学生众多，可以根据系统筛查结果等级，分类开展约谈工作，一级严重心理问题的学生由心理健康教育中心专兼职心理教师约谈，二级心理问题由院系辅导员约谈，这样可以在短期内完成大量的约谈工作，约谈完后再进行分级，最严重的由心理咨询中心跟进，一般的由学院跟进。

心理普查后的约谈跟进工作由心理咨询中心和院系共同完成，一级比较严重的，心理健康教育中心直接介入，其他由院系辅导员开展约谈辅导工作。提前要给辅导员做心理筛查约谈工作的培训，如关于如何收集信息、约谈技巧之类的内容等。约谈要有统一的约谈提纲，参考测试结果，根据约谈提纲进行约谈，提纲包括学习情况，人际关系，家庭情况，是否有自杀意念、长期抑郁、幻觉妄想等情况，当前主要困惑与烦恼这几项。

第二节 心理普查的常用测评工具

心理普查的主要内容是用正规的心理量表来对普查对象进行心理测试，以评估人在某个时间段某些心理特点和心理状态。高职院校心理普查使用的心理量表主要有：大学生人格问卷、症状自评量表、大学生心理健康筛查量表（CUMS）、焦虑自评量表、抑郁自评量表、抑郁筛查量表（PHQ-9）、卡特尔16种人格因素问卷、艾森克人格问卷等，用来了解学生的心理健康状况和心理特点。心理测验分纸笔测验和网上测验两种方式，现在普遍采用网上测试。

一、大学生人格问卷

UPI是“大学生人格问卷”的简称，是为早期发现治疗有心理问题的学生而编制的大学生心理健康检查表。目前，UPI已经成为高职院校心理咨询与大学生心理健康教育工作的有效辅助工具。UPI主要以大学新生为对象，作为精神卫生状况实态调查而使用，以了解学生中神经症、精神分裂症以及其他各种学生的烦恼、迷惘、不满、冲突等状况的简易问卷。UPI可操作性强、判断率高、简便快捷，是目前高职院校学生心理调查最为先进的调查方式。

二、症状自评量表

SCL-90是世界上最著名的心理健康测试量表之一，20世纪80年代引入我国，并在精神科和心理健康门诊的临床工作中得到广泛应用。该量表是以Derotatis编制的Hopkin's病状清单为基础，主要从感觉、情感、思维、意识、行为、生活习惯、人际关系、饮食睡眠等多种角度，评定一个人是否有某种心理症状及其严重程度如何。与其他的自评量表(如SDS、SAS等)相比，有容量大、反映症状丰富，更能准确刻画被测试者的自觉症状特性等优点。SCL-90作为一种适用面广、包含病理心理症状项目多的自评量表，在临床上具有不可替代的作用，是一种十分有效的评定工具。很多高职院校往往将该量表和大学生人格问卷结合起来使用，效果很好。

三、大学生心理健康筛查量表

大学生心理健康筛查量表由教育部《大学生心理健康测评系统》课题组开发，共96个项目，分为三级筛查，共22个筛查指标。严重心理问题筛查指标2个，一般心理问题筛查指标两类共15个指标，发展性困扰筛查指标5个。采用4级评分法进行计分，1分表示一点也不像我，4分表示非常像我，各指标所包含条目相加计分，得分越高表示该类心理问题越严重。该量表在大学生群体中的信效度良好，测评结果表明筛查预测的准确性非常高。该量表已成为我国心理健康领域使用最多的量表，有力地推动了我国高职院校大学生心理健康评估工作的专业化和科学化进程，为高职院校有针对性地开展心理健康教育提供了强有力的支持。

四、焦虑自评量表和抑郁自评量表

焦虑自评量表(SAS)，由美国杜克大学医学院的W.K.Zung于1971年编制，是广泛用于精神科临床、精神卫生调查和心理咨询实践中的焦虑状态筛选和诊断的主要工具之一。SAS是一种自评量表，由评定对象自行填写，测量的是最近一周内的症状水平，评分不受年龄、性别、经济状况等因素的影响，被测试者所得总分可换算成标准分，对照全国常规模式来评定被测试者的焦虑程度。该量表可广泛应用于评定内科、外科、心身疾病及精神病人的焦虑情绪，也可用来筛查各种特定人群的有关焦虑问题；以及评价心理治疗、药物治疗的效果，具有良好信效度，适用于具有焦虑症状的成年人。

抑郁自评量表(SDS)是W.K.Zung于1965年编制的，用于衡量抑郁状态的轻重程度及其在治疗中的变化。该量表反映了抑郁状态的四组特异性症状：精神性—情感症状、躯体性障碍、精神运动性障碍、抑郁的心理障碍。SDS为自评量表，评定时间跨度是最近一周，操作方便，容易掌握，评分不受年龄、经济、性别的影响。适用于具有一定文化程度和理解能力的青少年或者成人。该量表在我国的心理学基础研究以及实践评估中应用广泛，有研究者曾报告过该量表在被测试者中有良好的信度和效度。

五、抑郁筛查量表

近年来，随着患抑郁症的人数逐年增多，国家卫健委办公厅印发了《探索抑郁症防治特色服务工作方案》(以下简称《方案》)，将学生列为重点筛查人群之一。《方案》要求各个高等院校将抑郁症筛查纳入学生健康体检内容，建立学生心理健康档案，评估学生心理健康状况，对测评结果异常的学生给予重点关注。根据《方案》，医疗卫生机构使用PHQ-9量表，开展抑郁症筛查。

抑郁筛查量表是临床上用于筛查抑郁症的简单高效的方法之一，是一种简单自测抑郁的量表，包括9条常见的抑郁症状，患者根据自己的感觉进行选择和评分，有一定的准确性和可靠性，但是因为题目简单、数量少且是自测、被测试者心理暗示等可能会导致结果有一定误差，容易漏诊和误诊。抑郁症的诊断还要结合医生对患者进行详细的病史采集和精神检查来确定，进行必要的体格检查和实验室检查，以鉴别诊断。

六、卡特尔16种人格因素

卡特尔16种人格因素问卷(16PF)是一种权威且广泛使用的测量工具。16PF是由美国伊利诺州立大学人格及能力测验研究所的卡特尔教授经过几十年的系统观察和科学实验编制而成的一种精确的测验。15岁以上中学生和所有具备小学阅读水平的青年、壮年和老年人都可以适用。16PF在国际上颇有影响，并具有较高的效度和信度，广泛应用于人格测评、人才选拔、心理咨询和职业咨询等领域。16PF从乐群、聪慧、自律、独立、敏感、冒险、怀疑等16个相对独立的人格特点对人进行描绘，并可以了解被测试者在环境适应、专业成就和心理健康等方面的表现。

七、艾森克人格

艾森克人格问卷(EPQ)，是英国心理学家艾森克等编制的一种有效的人格测量工具，他搜集了大量有关人格方面的特征，并通过因素分析归纳出三个维度，从而提出决定人格的三个基本因素是：内外向、情绪性和精神质倾向。对分析人格的特质或结构具有重要作用。目前，已被广泛应用于心理学研究与实际应用、医学、司法、教育、人才测评与选拔等诸多领域。该测验包括成人版和儿童版两种。成人问卷包括90个条目，让被试者根据自己的情况回答是否。该问卷测试人格的同时还能预测被试者的心理健康水平。

第三节 学生心理档案的建立

从2004年起，教育部开始要求高校为所有学生建立心理档案。心理档案是指评估、预测和监控个体心理行为状况，把握其心理发展规律性变化的动态服务与管理系统，包括人口学资料、家庭状况、经历重大事件等影响个体心理发展的基本信息，心理测评结果以及心理咨询与辅导活动记录等资料内容，一般是经过心理测评、数据分析、反馈、存储与更新等过程完成资料的归档。

一、高职院校学生心理档案建设与维护的意义

（一）有利于推进高职院校的心理健康教育工作

大学生心理档案是展现个体心理成长轨迹的有效途径之一，它可以有效地反映学生的心理健康情况，不受时间、空间限制，增加了保密性，通过对学生的人口学资料、家庭与学校的生活状况、经历的重大事件、心理健康状况等综合信息的收集，帮助心理咨询师迅速掌握学生的基本心理状况，既可借鉴个人成长经历深入探究相应心理行为问题出现的原因，根据本人性格特点进行个性化指导，又可梳理全体学生的心理档案，找出不同种类学生的发展适应性问题的共通之处，有针对性地进行团体心理辅导。大学生心理

档案有利于大学生自我心理状态的调整,更有利于高职院校心理健康教育工作的开展。

(二)有利于高职院校改革教育与管理方式

高职院校依据不同人格特点和能力倾向等,为每一位学生建立全面独特的心理档案资料,通过对档案信息进行个性化处理和精细化管理,可以找出当代学生的共性心理特点,同时尊重学生的个性化发展,进行分类别、有层次的教学,改变以往强制统一性的教育方式。结合新媒体资源,借鉴其他院校新兴的心理档案管理和使用方案,可以找出合适的方法来准确疏导学生,有效解决其心理问题;切实依靠心理档案信息的分析结果,抓紧学生的需求,坚持以人为本的改革创新精神,积极鼓励和指导学生追求全面发展,最大限度激发学生积极探索的创新活力,心理档案的建设为青年大学生教育与管理方式的改革创新提供有效思路。

(三)有利于促进高职院校学生的全面健康成长

在大学生心理档案中,大学生可以发现自身存在的潜力,不断完善自己的人格,为自己增加核心竞争力。高职院校通过对学生的情绪情感、能力、人格特征、学习心理特点、职业倾向以及心理健康状况等进行全方位的专业测评,根据档案信息的反馈和专业教师的悉心指导,可有效帮助学生深刻地认识自我,不断审视和调整自我,发掘自身潜能,制定合理的期望目标,提高自身社会适应能力、抗挫折能力和社会核心竞争力。

(四)有利于协助社会选拔人才

当代经济社会的转型和就业机制的改革,对于人才的要求不仅仅局限于科学文化知识层面,也逐步重视个体的心理素质。心理档案能反映出个体的心理健康水平、行事风格、性格特点以及职业倾向等心理特征,可作为现代人力资源开发的重要参考依据。有效利用心理档案可以为各类职业提供专业性人才,促使学生充分发挥个人强项,避免职位与人才不匹配造成的资源浪费,优化招聘方式,为社会提供更有效的服务。①

①曹承慧,严万森:《高校学生心理档案的建设与维护管理》,载《教育教学论坛》2021年第10期。

二、大学生心理档案建立的原则

1.对象普遍性

心理档案的建立不仅局限于那些有特殊或极端问题的学生，因为这样的学生毕竟是少数，同时更应该以科学指导每个学生的心理健康成长为目的；因此应该对全体高职院校大学生进行心理健康的全面普查并将结果建立档案，使其具有普遍性，即每个在校学生都有自己的心理档案。

2.内容全面性

心理档案的建立一定要信息覆盖面全。不仅应该包含学生的个人基本信息、家庭情况、在校情况、对个人影响较大的重要生活事件，同时，还应该包含学生所接受的心理测试的详细内容、学生咨询有关心理问题的材料。只有内容的全面与完善才能为科学的心理健康指导打下良好的基础。

3.时间持续性

大学生的心理是一个变化、发展的过程，心理档案的建立也应该是一个持续跟进、不断变化的动态过程。要把学生心理档案建设成为一个动态的档案，档案的建立和记录的内容一定不能“静止”，而是不断更新、不断变化的，为了确保档案的时效性，要对档案记录的内容进行跟踪性的持续调查。对进行心理普查的学生，定期进行心理复查，保证对大学生心理健康情况的及时跟进与研究，根据学生不同心理状态下的反应而采取相应的培养建议和调整方案。

4.档案保密性

保密性原则是心理咨询师开展心理咨询工作的重要原则。当然，心理档案的建立也要具有保密性。大学生心理档案与一般的学生档案不同，部分内容涉及学生隐私，不能作为学生的终身档案放入人事档案中，因此在建立和管理过程中，开放针对的人群、开放的程度和内容应根据实际情况而确定。当然，正如心理咨询中的“保密例外”一样，心理档案的保密也一样是“有限原则”，生命安全第一，没有比生命更重要的原则。

5.建立客观性

客观性原则即应坚持一切从实际出发、实事求是。学生心理档案的收集需要科学的测量工具、客观公正的态度、先进的统计管理技术。对于所获得的信息,要客观地进行描述、分析和总结,从而提出合理的、有效的培养建议。

三、心理普查在心理档案建设中的地位

心理普查是大学生心理档案建设的基础,通过心理普查可以获取学生基本信息,了解学生个人成长历程、家庭环境、心理健康状况,对于大学生心理档案的建设,心理普查具有广泛、普遍、快速、有效的特点。大学生心理档案就是有关大学生在校学习期间产生的所有与心理方面相关的有保存价值的记录。心理普查是高职院校采用的新生入校后获取新生心理健康资料的手段,往往会动员新生全部参加,利用网络新媒体进行心理测验,在信息栏会要求被测试者填写家庭基本信息,包括父母年龄、职业、家庭氛围、重大疾病等,在高职院校所实施的心理档案建设资料搜集的手段当中,心理普查具有普遍、快捷、基础的特点,同时也是开展心理健康教育工作以及心理危机预防、干预最及时、最全面的信息来源。

结合心理普查和约谈结果,通过和辅导员进行沟通,最终确定需要建立A类重点关注学生的心理档案。尤其有自杀想法的学生要重点关注。建立A类人群心理档案,及时向上级领导汇报,并做好保密和相关资料存档工作。心理档案内容要尽量详尽,包括既往病史、现在情况、对未来的预测及相关职业生涯规划部分。加上辅导员平时的观察了解、和父母的沟通等都要有详尽地记录。“心理档案”不能成为束之高阁的档案,有条件的学校最好建成电子档案,并且随时对需要关注的学生进行信息更新,以便制定最新的干预措施。

四、规范化心理档案的建立过程

大学生心理档案是根据大学生的成长历程、心理特征、心理测评与心理咨询相关数据等建立起来的,用以预测大学生心理行为。大学生心理档案的规范化建设,有利于全面、精准地反映高职大学生心理健康状况,高职院校相关人员依据心理档案的记录能够及时掌握大学生的心理变化,作出正确决策,推动大学生心理教育工作,完善高职院校学生管理工作。心理档案的建立一般包含心理测评的组织过程、测评数据的采集过程与分析过程。规范化心理档案的建立过程应该从这三个方面着手。

1.心理测评的组织过程

心理测评是心理实验的一种,它要求在安全、舒适的环境下进行施测,指导语具体、明确,需要对测评的意义进行一定的解释。实现心理测评组织

过程的规范化需要考虑以下两点：一是心理测评主试需要进行相应的测评培训；二是心理测评主试的语言、情绪等会影响心理测评结果的因素，注重操作规范化。心理测评开始前，主试要重点强调心理测评对学生自身的意义，使其能够真实填写信息，完成心理测评。心理测评组织过程的规范化可以将影响学生测评结果的因素控制到最低，能够如实地反映学生的心理状态，使采集的数据真实可靠，心理档案更具有科学性。

2.测评数据的采集过程

数据采集的质量会直接影响心理档案的应用，因此，心理档案的整理、挖掘和分析对测评数据的采集提出了更高的要求。这里说的数据挖掘与分析是指可以在全国范围内或至少在多数高职院校范围内均可进行的整合分析，这就要求心理档案数据的采集需要采用相同的规范和标准。在测评量表的选择上应该满足以下两个条件：一是筛查可能存在心理问题的学生；二是能够使学生更好地了解自己，在此基础上不断完善、发展自我。心理测评数据的采集过程做到规范化，可以将心理数据在全国范围内进行对比、分析，探究大学生心理的规律性。测评数据采集过程的规范化，有利于提高心理工作的效率，推动高职院校心理健康教育工作的开展。

3.测评数据的分析过程

对采集完成的心理数据进行分析与整合，是检验学生心理档案规范化管理的重要阶段。心理测评完成后，就要对数据进行全面深刻的分析、整合与挖掘，使其发挥更大的预测和指导作用。一方面，要按照量表的标准进行筛查和因子分析，掌握心理测评的总体情况；另一方面，要对多个量表进行数据整合和深入挖掘，探究各因素之间的关系，准确找出影响学生心理健康状况的因素。心理档案的分析与研究，除了要及时了解学生的心理健康状况，指导具体的学生心理健康工作外，更重要的是指导科学研究，通过对心理档案的深入分析，发现学生心理规律与共性问题，这是对心理档案深入研究分析的更深层的意义。规范数据的分析过程，可以更好地指导心理健康教育工作。

五、建立和使用心理档案时应注意的问题

由于传统学生档案面临着一定的局限性，相关心理档案的建立存在着一定的经验空白，学校在建立心理档案的同时应避免一系列的问题，使得学

生心理档案更好地促进学生的成长成才。

1.时刻保持科学的态度

建立学生心理档案的作用主要是反映大学生当下的心理状况，如果失去了其客观科学的公正性，则失去了其存在的意义。因此，首先在档案的制作方面应该安排相关专家进行制定，通过对档案内容的设定，全面地了解大学生心理状况，科学地考量大学生心理；其次在档案信息的采集方面应该通过科学严谨的方式对大学生心理相关信息进行采集，杜绝主观性；最后在对档案的总体信息进行分析时要保证多角度全方位，以科学的眼光看待档案内容，切忌主观臆断，不可以偏概全。

2.以发展的眼光看待档案内容

学生的心理在不断变化，大学生心理档案的内容也应及时更新变化，因而需要建立动态的心理档案。为了帮助学生及时发现问题、纠正问题、保持健康心理，我们应带着发展的眼光看待大学生心理档案的内容，以积极乐观的态度分析档案的内容，在档案的信息中发现学生存在的潜力与发展的前景。通过对现在拥有的信息进行全面的分析，发现存在于大学生中的普遍问题，判断学生未来成长的空间，挖掘其潜在的良好品质。不应该片面静止地看待现阶段的大学生心理档案，学生心理会随着年龄、环境、经历的改变而不断变化，我们应该及时进行复查，了解大学生心理变化，观察分析大学生心理变化趋势。

3.确保信息安全保密

大学生心理档案是依靠大学生的信任而存在的，是以尊重学生、帮助学生为目的而建立的，因此管理人员有权利和义务对学生档案内容保密。档案要有专人进行管理，任何人都不得随意翻阅、泄露学生的心理档案的内容。只有充分尊重学生、保护学生、为学生的发展作出贡献，才会得到学生的配合和认可，进而达到促进学生发展的目的。否则信息一旦泄露，不但会对学生本人造成伤害，也会使学生丧失了对学校的心理健康教育工作的信任，对未来工作的开展造成极其恶劣的影响。

第八章 队伍建设

心理健康教育队伍是完成心理健康教育工作的践行者和主力军，是有效开展大学生心理健康教育工作的保障，是提高大学生心理素质的重要条件。大学生心理健康教育队伍是指在高职院校从事大学生心理健康教育工作的师资力量，既包括专兼职心理咨询师，也包括在其他岗位从事心理健康教育的人员，如辅导员、班主任等。2001年，教育部强调了建设好这支队伍对于加强高职院校心理健康教育的重要性。2003年，教育部又出台文件再一次强调大学生心理健康教育工作队伍建设问题，主张要通过专、兼、聘等多种形式，建设一支以专职教师为骨干、专兼结合、专业互补、相对稳定、素质较高的高等学校大学生心理健康教育工作队伍。因此，加强大学生心理健康教育队伍素质、优化队伍建设水平是提高大学生心理健康教育成效的有力保障。

第一节 专职教师

专职心理教师是高职院校大学生心理健康教育工作队伍的骨干力量。知识教育、宣传活动、咨询服务和预防干预等四项主要任务要求高职院校心理健康教育专职教师，既要做好高职院校教师的教学任务，也要承担心理咨询师的职责。

一、专职心理健康教育专职教师的角色定位

1.心理健康教育专职教师是心理辅导员和心理咨询师

作为心理健康教育专职教师必须有高度的专业责任心，积极为学生进行团体心理辅导和个体心理咨询，进行心理健康教育辅导和心理咨询，促进学生的心理健康发展和精神健康发展。

2.心理健康教育专职教师是心理与教育科学的实践者与发展者

心理健康教育专职教师实际上是一种超越了传统教师角色的新型教

师，是作为掌握心理学理论与技术并有效服务于教育领域的专业人员而出现的，是在学校运用相关的知识与技能，遵循学生心理发展的科学规律，提高学生心理素质和综合素质发展的教师。

二、高职院校心理咨询师的职业素养

职业素养是职业内在的规范和诉求，折射的是从业人员在执业过程中的综合素质，最终成为衡量从业者能否适应、胜任所从事的岗位以及取得职业成功的关键，其核心要素是职业技能和职业伦理。一名成功的高职院校心理咨询师（主要指在大学心理健康教育中心拥有心理咨询师资格的专职咨询人员）须具备坚实的理论基础，广博的知识，娴熟的咨询技能，敬业、乐业并合规的职业道德等突出的职业素养。综合起来说，心理咨询师素质的基本构成是知识、能力、意识、人格、道德五大方面。

（一）心理咨询师的知识素养

高职院校心理咨询师必须掌握相关的心理学、教育学等专业知识，并要求有一定的广度和深度，这是学校心理健康教育专职教师能否胜任的关键。

1.基础性课程

如普通心理学、实验心理学、发展心理学、生理心理学、社会心理学、人格心理学、变态心理学、心理学研究方法等。

2.测量性的课程

如教育与心理统计、心理测量学；掌握人格、学习、行为、情绪等方面的测验和测量。

3.干预性的课程

如心理咨询基础理论、主要咨询流派的理论方法和治疗技术、团体心理咨询、危机干预等。

4.其他知识

相关的医学知识和人文社科知识。

（二）心理咨询师的能力素养

心理咨询是实践性很强的活动，因此要善于运用各种理论知识和技术方法和来访学生建立良好关系，帮助来访学生解决心理问题。高职院校心理咨询师应具备相应的专业态度、咨询技能和专业成长能力。

1.建立咨访关系的能力

良好咨访关系的建立是咨询的第一步，是心理咨询的基础，更是决定咨询成败的关键因素。可以说，良好的咨访关系本身就具有心理治疗的作用。

共情。艾维提出共情是最为核心的因素。心理咨询师要从来访学生内心的参照体系出发，设身处地地体验来访学生的精神世界，随后运用咨询技巧把自己对来访学生内心体验的理解准确传达给对方，同时引导来访学生对其感受做进一步思考。

无条件积极关注。心理咨询师应以积极的态度看待来访学生，对来访学生的言语和行为的积极面、光明面或长处给予关注，利用其自身的积极因素促使来访学生发生积极变化。心理咨询师对来访学生的积极关注不仅有助于建立良好的咨访关系，本身就能产生咨询效果。

尊重。尊重是指心理咨询师对来访学生的现状，包括价值观、人格特点和行为方式予以接纳，给来访学生创造一个安全温暖的氛围，使其最大限度地表达自己。

温暖。温暖可以有效地化解来访学生的敌意，显著改善咨访关系。在咨询过程中，心理咨询师不仅要通过语言，也可以借助非语言的方式，如体态、动作、表情等身体行为和语气、语调等方式来实现。

真诚。心理咨询师在咨访关系中应是真真实实的，不会虚伪地保护自己，也不是在扮演角色，把自己藏在一个专业心理咨询师的假面具后面，而以真实的自己与来访学生接触，是表里如一的人，没有虚假和做作。

2.基本评估诊断和转介的能力

诊断是医学中的一个重要术语，代表了人们基于不同理论对疾病不同水平的认识。心理健康问题分为三个不同的层次，前来求助的不一定是心理咨询的对象。因此心理咨询师需要掌握以分类和描述为基础的各类诊断标准。对不适宜咨询的个案评估及转介是高职院校心理咨询师主要的工作内容之一，特别当来访学生表现出明显的精神症状时应该作出专业判断予以转介。

3.运用理论和治疗模型的能力

不同理论取向的流派具有不同的治疗模型，行为诊断要确定异常行为，即“靶行为”，认知心理学诊断要找出来访学生错误的认知结构，家庭治疗则需要将来访学生个人问题延伸至家庭系统中去寻找根源,精神分析关心的是来访学生的潜意识、内心冲突、防御机制及早年经历中的“创伤”。同时也发展了不同的技术手法,例如认知行为流派的具体技术包括:使用思维记录的技术、暴露技术、放松技术、识别和矫正核心信念的技术、活动监控和活动安排技术、检验自动思维的技术、引导式发现和苏格拉底提问技术等。那么心理咨询师不但要熟练掌握这些技术,同时也能在恰当的时机使用这些技术引导来访学生不断探索、发现和自我成长,从而达到人格完善。

4.得到督导的能力

合格的心理咨询师必须对自我的专业能力和心灵成长保持关注和努力。因为心理咨询是一项过程复杂的工作,来访学生的问题复杂多样,而心理咨询师在理论知识、实践操作以及个人素质方面存在不足之处导致职业耗竭水平严重。因此心理咨询师要保证自己能通过督导来实现专业成长与可持续的心理健康。

(三)心理咨询师的意识素养

在咨询过程中,心理咨询师能带进咨访关系中最有意义的资源,就是他自己。如果一个心理咨询师对自己的认识都有偏差,那么他是无法为他的来访学生提供积极有效的服务的。因此,健康的自我意识是成长为一名有效能的心理咨询师的必要条件。

自我意识分为两个维度:自我检视和自我接纳。一名合格的心理咨询师对自我的价值有充分的肯定,自我评价客观,在面对来访学生的问题时能对自己的情绪、态度、价值观有敏锐的觉察,清楚哪些反应是由自己的问题引起的。

(四)心理咨询师的人格素养

并非学习了心理学理论知识,掌握了心理咨询基本技能就能够从事心理咨询工作。心理咨询师的个人特质是心理咨询与治疗的主要变项之一。卡文纳指出,有效的心理咨询更依赖的是咨询者的人格特征,而不是咨询者的知识和技巧。考米尔也认为,最为有效的心理咨询师是那些可以把人格因素和科学的理论、方法加以完美结合的人。拥有如下特征的心理咨询师能更有效地帮助来访学生。

1.心理相对健康

一个合格的心理咨询师应该是愉快的、热爱生活、有良好适应能力的人。那些情绪不稳定,经常处于心理冲突状态而不能自我平衡的人,是很难胜任心理咨询工作的。

2.乐于助人

只有乐于助人的人才能在咨访关系中给来访学生以温暖,才能创造一个安全自由的氛围。

3.开放性

优秀的心理咨询师对世界具有好奇心、探索欲,不断充实自己的经验。能够理解与自己不同的多种价值观念具有合理性和必然性,能够尊重和接纳不同求助者的价值观念,不会随意对来访学生进行拒绝和否定。

4.亲和力

合格的心理咨询师会拥有令人很自然接近并感到安全和温暖的能力,与来访学生接触时不以权威自居,也不以自我为中心,因此别人也对他们感到放心。

5.弹性

心理咨询师能灵活地对人对事,不拘泥于规范,不照本宣科;及时合理地转换自身角色;灵活地根据来访学生的问题和需要来采取适当的理论和方法。

6.责任感强

心理咨询师对当事人和咨询工作要有认真负责的态度,能承担工作中的压力和出现的问题,为了来访学生或自我的成长,敢于冒一定的风险,并承担可能的后果。

(五)心理咨询师的道德素养

心理咨询行业的特殊性要求心理咨询师一定要在伦理范围内执业,由于中国的职业化进程并不规范,很多心理咨询师过于强调技术而忽视了伦理。总的来说,高职院校心理咨询师必须遵循的伦理规范包括责任、专业关系、保密原则、知情同意原则等。

1.对来访学生的责任

心理咨询师的工作目的是对来访学生负责，使他们获得适当服务。在治疗关系建立之前，应使来访学生明确了解其权利和义务。

2.与来访学生的专业关系

心理咨询师应努力保持和来访学生之间客观的治疗关系，为此应避免在治疗中出现双重关系。一旦越界，应采取适当措施终止这一治疗关系。

3.保密原则

心理咨询师应尊重来访学生的个人隐私权，有责任采取适当的措施为来访学生保守秘密；心理咨询师只有在求助者同意的情况下才能对咨询过程进行录音、录像；在因专业需要进行案例讨论或采用案例进行教学、科研、写作等工作时，应隐去那些可能据以辨认出求助者的有关信息。

4.知情同意原则

知情同意由3个基本要素组成，即告知、自愿以及能力。告知指在患者作出知情同意之前，心理咨询师有义务和责任告知来访学生的情况、咨询的目的和性质、利弊以及其他治疗方法；自愿是指来访学生作出知情同意的过程中，不受外界的利诱或胁迫，其决定是自愿自主的；能力是指来访学生作为知情同意的法律主体，应当具有法律所要求的行为能力。

三、高职院校专职心理咨询队伍的建设标准

(一)高职院校专职心理咨询队伍的人数(专兼职)、学历、职称和年龄要求

为心理咨询工作的开展提供人员和经费保障。高职院校要充分认识专职心理咨询队伍在大学生心理健康教育中的核心作用，认真贯彻教育部文件精神。要进一步做好编制和经费的落实。《普通高等学校学生心理健康教育工作基本建设标准(试行)》(教思政厅〔2011〕1号)的通知中进一步明确提出高校应保障心理健康教育工作经费，并纳入学校预算，确保大学生心理健康教育的日常工作需要，高校应按学生数的一定比例(1:4000)配备专职从事大学生心理健康教育的教师，每校配备专职教师的人数不得少于2名。专职心理咨询师学历应不低于硕士研究生，职称要求达到中、高级，年龄上应该是老中青年教师搭配。

(二)高职院校专职心理咨询队伍的选拔、培养(培训)、督导和管理考核

1.选拔

高职院校要建立一支接受过系统训练,具有较高理论知识水平、实践能力和良好师德、身心健康的专职队伍,必须建立严格的专业资格准入制度。首先是要把好专业素质关。一是要选拔受过系统心理学训练并具有较强实践能力的人。所学专业应以应用心理学为主,适当考虑心理学、教育学、临床医学等相近专业,并要获得国家认定的心理咨询师职业资格证书。二是对从思政、教育管理等部门转入专职队伍的相关人员进行重点培训,要求其必须参加有培训资质的机构组织的系统培训,最好能参加高职院校的心理学专业的继续教育并获得学位;同时,要获得国家认定的心理咨询师职业资格证书。其次要把好职业道德关。注重拟引进人员的个人修养和职业道德。心理咨询面对的是来访者,心理咨询师必须愿意和善于帮助他们,能够通过心理咨询协助来访者克服心理问题。一个好的心理咨询师应该是个人品质、学术知识和助人技巧俱佳的结合体。我国制定的《心理咨询和心理治疗工作者条例》对心理咨询师的职业道德有明确的规定,其可以概括为:有自知之明,对自己有充分的了解;有助人为乐的价值取向;有对求助者、对社会、对职业的责任心;具有热情、尊重、真诚等个性品质;遵守保密原则等。①

2.培训

要提高高职院校心理咨询工作的专业化水平就必须提升高职院校专职心理咨询人员的专业素质,重视对他们的培训。合格的心理健康教育工作者需要专业及社会知识、恰当的方法与技巧、专业角色建立与自我成长三方面的素质。在高职院校,专职从事心理健康教育的教师毕业于心理学或相关专业,接受过较为系统的心理咨询与治疗的培训,其专业知识与技能都较为扎实。然而,面对大学生心理问题的不断变化,专职教师仍需持续学习与成长,才能保持与大学生心灵相通。研究发现,学校心理咨询师对个人成长非常重视,但成长需求无法得到有效满足,个人成长任务艰巨。心理咨询师的自我成长包括个人成长和专业成长两个方面。个人成长强调心理咨询师

---

①卢绍君:《略论高校专职心理咨询教师队伍建设》,载《辽宁行政学院学报》2011年第12期。

首先要成为一个“人”，具体包括完善人格、提升自我接纳与自我觉察力、处理个人事宜、深化对人性的理解、提高职业伦理水平等。专业成长则是如何成为一个专业的“人”，具体包括对于自身职业动机、专业认同度、理论取向、个人心理保健的探索与精进过程。专职教师需要通过参加系统培训、参与临床督导、进行自我体验等方式获得自我成长。

首先，政府有关部门应牵头建立国家、省级规范、统一的培训和研修基地，对现有培训机构进行筛选和整合，保留和重点扶持符合高职院校实际、满足不同层次需要的培训项目，对培训目标、课程设置、教学计划、教学内容、教学方式、考核（理论、技能）、师资等进行严格审查把关。其次，国家、省级有关部门要像对待辅导员一样拿出专项经费对专职心理咨询人员进行培训，每年要保证一定的进修培训时间。《普通高等学校学生心理健康教育工作基本建设标准（试行）》（教思政厅〔2011〕1号）的通知明确提出，将师资培训工作纳入高校年度工作计划和年度经费预算。应保证心理健康教育专职教师每年接受不低于40学时的专业培训，或参加至少2次省级主管部门及二级以上心理专业学术团体召开的学术会议。最后，组织学术业务交流，并设置专项课题，鼓励从业人员进行经验交流和科学研究，不断提高专业能力。

3.督导

督导在心理咨询师的培训体系中占有独特的地位，督导的目的是帮助心理咨询师提升专业水平、促进个人成长及专业认同，以更好开展心理健康教育为学生提供高质量服务。建立和完善心理咨询督导制度对保障高职院校心理咨询事业规范、健康、良性发展具有重要意义。高职院校可以聘请专家对心理咨询师进行个体督导和团体督导，确实有困难的也可以采用同辈督导。一般情况下，应每月进行一次督导，个体督导通常为每月1小时。在督导过程中须制定培训计划和工作方案、审核咨询计划、组织个案研讨与评估，让心理咨询服务工作有效开展、举办专题讲习班、点评咨询中的重难点等，帮助心理咨询师澄清问题，以更加全面的视角理解个案，开拓思路，全方位地提高心理咨询师的咨询能力和专业水平。

4.管理考核

依照《高等学校学生心理健康教育指导纲要》相关要求，将心理专职教师队伍纳入思想政治工作队伍大类划分管理。思想政治教育工作队伍主体由党政、共青团干部，“两课”教师，辅导员、班主任三部分构成，所以各高职院校可以从中选择，明确心理专职教师的队伍序列。教师职业发展关乎每一位职业教师的个人晋升，职称的评定是所有在校教师所关心和努力的方向，也是对教师个人能力和工作成绩的肯定。从心理学的角度而言，职业的发展是一种有效的激励途径，且可以达到经济和非经济双重薪酬激励的效果。注重教师职业发展，不仅能提升队伍凝聚力和可持续性发展，从个人角度出发，还能提升教师的归属感和自我认同感。

建立对高职院校专职心理咨询师队伍的考核、激励机制。建立对专职心理咨询人员全面、科学的考核、激励机制，是建设一支高水平专业化、职业化队伍所必需的。同时，也关系到这支队伍的稳定和发展。首先，国家、省级主管部门应出台统一的大学生心理咨询评估体系并定期对学校工作进行检查评估。各高职院校可根据评估体系制定本学校的心理咨询工作和心理健康教育工作的考核评估体系。其次，建立独立的职称评定体系。教育行政部门和高职院校要像对待会计、图书馆等从业人员一样，结合心理咨询师资格认证条件，制定心理咨询师专业技术职称评定标准和实施细则，实行独立的评定指标、序列、考评标准和程序。最后，合理地计算专职心理咨询师的工作量。心理咨询是一项复杂的脑力劳动，有的高职院校对此认识不足，未予合理地计算工作量。这就需要有一个规范统一的评定标准，其单位工作时间所计工作量不应低于本校一般专业教师工作量的计算标准。

心理专职教师需要结合现有的教师与非教师技术岗标准，从教学任务、教学工作量、行政管理工作、工作岗位职能、心理咨询服务等多个方面出发，涵盖心理专职教师全方位工作内容，对这支队伍进行具体化、精准化、合理量化，无死角的制定绩效考核标准。心理专职教师队伍实行绩效考核制度同时，还需有可操作性的奖惩制度，将两者进行有机结合，将有利于推动队伍专业化、高效化建设。

第二节 辅导员

辅导员作为学生的人生导师和知心朋友，对学生的健康成长有重要责任，因而，做好学生的心理健康教育工作，既是学校全面育人的要求，也是自身工作职责的体现。高职院校辅导员在心理健康教育工作中具有绝对的优势，作为大学生在校期间与学生接触最为紧密的师友，他们与学生心理距离较近，便于开展心理辅导工作。因此，大力提升高职院校辅导员的心理健康教育与咨询工作能力是辅导员职业角色定位的必然要求。

一、辅导员在开展心理健康教育工作中的角色定位

1.学生心理健康教育引导工作的具体执行者

大学生正处于形成固定心理结构之前的不稳定期。如何正确面对诸如自我感知、社会适应、情感、人际关系、情绪调控等心理发展的不同状况，是大学生成长的必由之路。思想理论教育和价值引领是辅导员工作的核心要义，在开展心理健康教育工作中，辅导员的重要任务是帮助学生树立正确的心理健康意识。首先要能够帮助学生控制自己的行为和情绪，对于有自卑、人际交往恐惧等心理问题的学生而言，要引导其学会自我情绪的疏导和缓解。其次要引导学生树立正确的世界观、人生观、价值观，帮助他们顺利完成人生的发展和过渡，在这个过程中，引导学生树立正确的人生目标，建立向目标努力的健康心态。再次要引导大学生了解校内外心理卫生机构（如各高职院校的心理健康教育中心）的设置目的以及服务内容等，增进学生对心理机构的了解，消除恐惧心理。最后要增强学生预防心理疾病、发掘自身潜能的意识，一旦发现问题要及时求助。在一定程度上，辅导员还承担着心理健康教育宣传者的角色。

2.深度辅导工作中的沟通者

随着“因材施教”教学理念的普及，心理健康教育的目的也应是提升高职院校育人工作质量的主要组成部分。辅导员在从事学生管理工作时，不仅要掌握所带学生的总体心理健康状况，还要针对个别学生的不同需求，进行针对性指导。作为高职院校学生工作的一线人员，辅导员还要能够针对学生的不同特点、不同性格进行个性化的发展规划指导，帮助他们树立信心，向着自己的目标努力。辅导员要结合学校不同阶段的工作要求，建立标准化的心理档案，重点关注心理存在特殊问题的学生；在班委中任命心理委员，加强组织建设，组织学生完成心理筛查，通过学校心理健康教育中心提供的健康测试结果，辅导员与班级干部、室友等了解学生平时的学习生活情况，要做到及时与家长沟通，让家长了解学生的情况，共同协助学校心理教育的工作；与学生保持及时有效的沟通，及时发现学生的潜在问题。不同的个体、不同的情境、不同的阶段，学生在生活、学习、亲密关系、人际交往、就业等方面有不同的心理需求，辅导员要能够针对不同学生的不同情况进行

个别的指导。

3.心理问题学生的倾诉者

每个学生都存在自身的心理需求，辅导员应该掌握基本的心理沟通和咨询的方法，当学生出现问题时，需要运用一些专业方法进行疏导或简单治疗。但辅导员毕竟不是专业的心理咨询师，在对学生的心理危机干预上将承担专业人员以外的角色。这就要求辅导员要经常深入班级、课堂和宿舍等学生的活动场所，与学生开展互动交流，观察学生动态，做到“早摸排、早预防、早发现、早干预”，若发现出现心理问题的学生，辅导员要充分发挥自己的专业素养，运用科学的方法，判断学生心理障碍的情况，通过约谈、关怀等方式，帮助出现心理问题的学生排解心中的负面情绪，疏通他们的情绪发泄渠道，指导他们进行自我调适，并通过合适、合理、合情的方式帮助他们解决生活、学习上的困难。此外，对于超出自己能力范围的个案，辅导员要及时与学校的心理健康教育中心联系，积极寻求帮助，帮助学生消除恐惧感，搭建学生与心理健康教育中心的沟通桥梁。同时还要做好学生心理咨询的后续工作，做好跟踪观察工作，将关爱贯穿学生心理辅导的全过程。

4.心理危机干预的参与者

每当学生出现个人危机，处于困境、挫折或者即将面临危险等突发事件的时候，辅导员都要及时参与，为学生提供支持和帮助，以及必要的干预，帮助学生摆脱困境，恢复心理平衡。辅导员要在平时加强与学生的沟通，掌握学生的基本情况，并对学生的心理状况进行研判，要能够在日常生活中及时发现学生的反常行为，及时摸排引发学生心理问题的各种突发事件及客观因素。一旦发现问题学生，辅导员要能够进行初步的处理和干预，第一时间赶到学生身边，了解具体情况，对学生进行初步的干预处理，及时了解学生诉求，在力所能及的范围内，帮助学生解决问题。对于自己无法准确判断的问题，要及时联系专业人员，把握心理危机干预的黄金时机，并为专业人员做好必要的铺垫，避免学生发生极端事件，还要联系学生家长，让学生家长一起做好安抚工作，承担专业人员以外的角色。事后也应当多加关注，防止问题复发。简单来说，辅导员在参与心理危机干预的过程中充当着学生心理问题的发现者、第一时间介入者、危机事件协助处理者以及事后关注者的四重角色。同时，辅导员还要加强自身学习，积极参与各类型的心理健康教育培训，不断丰富心理学的知识，提高心理咨询的水平，做一名“准专业”的心理咨询师。此外,辅导员还应有足够的知识储备量,做到与时俱进,及时了解学生群体的关注点和流行元素,帮助辅导员迅速融入学生群体,及时了解学生动态。

二、辅导员开展心理健康教育工作的策略

(一)制定明确的心理健康教育目标

明确的心理健康教育目标是高职院校辅导员开展大学生心理健康教育工作的重要基础。而不同的心理健康问题产生的原因不同,那么心理健康教育的目标也略有不同。辅导员在开展大学生心理健康教育工作的时候,应该结合自己一直以来积累的大学生辅导工作经验,将大学生的心理健康问题按照不同的成因划分成不同的类型,并且有针对性地制定心理健康教育计划和教学方案,从不同的角度、不同的层次对大学生开展心理健康教育。

例如在刚进入大学的时候,很多大一新生所面临的主要问题就是对新环境的不适应以及学科压力的突然增大,那么在开展心理健康教育工作的过程中,辅导员就应该多和学生沟通,有针对性地开展一些提升学生心理适应能力的专题讲座或辅导,了解他们在大学生活中遇到的各种问题,并且及时地进行调整和帮助。当学生因为学业压力过大而产生抑郁情绪的时候,辅导员也应该在谈话的过程中加强对学生的抗压耐挫心理素质教育。而对爱情的向往也同样是大学生出现心理问题的原因之一,所以辅导员在开展工作的时候也应该引导学生树立正确的恋爱观,帮助他们用更加健康的心态来面对情感的挫折。

(二)加强家校联系在心理健康教育中的作用

每一个大学生的成长经历和家庭背景各不相同,所以导致了高职院校大学生的心理状态、性格状态也呈现出不同的特点,有些学生家庭氛围比较和谐,那么学生也往往具有乐观的心态以及较强的沟通能力。如果学生的家庭氛围不够和谐,那么学生难免会形成自卑敏感的性格,他们在学习和生活的过程中,难免因为性格及习惯的原因和同学产生一些矛盾,甚至会因为学习压力过大而出现焦躁抑郁的情绪。要想及时地发现这些问题不仅需要辅导员多和学生沟通,密切关注学生的心理状态和学习生活状态,还需要意

识到家庭教育和家校联系对于大学生心理健康教育工作的重要作用，通过QQ、电话、微信等途径多和学生家长沟通，让家长能够及时了解子女在校学习期间学习状态和生活状态的同时，也能够对大学生出现心理健康问题的诱因有进一步的了解。在沟通的过程中，辅导员也可以利用自己的专业知识，向家长多传授一些科学的家庭教育方法，抑或承担起调节学生和家长之间矛盾的责任，让良好的家校沟通成为心理健康教育的重要手段。

（三）构建良好和谐的师生沟通氛围

大学生虽然已经基本成熟，但是他们的生活经历和社会阅历相对有限，所以在面对繁重的学习任务及较为复杂的人际关系的时候，往往会出现各种各样的问题，日积月累甚至会出现抑郁的症状，所以这也对高职院校辅导员的工作提出了更高的要求。在大学生心理健康教育过程中，辅导员一直都承担着非常重要的任务。

作为管理大学生在校学习生活的主要教师，辅导员不仅需要做好班务管理工作，还要在平时的工作中营造积极良好的沟通氛围，以便能够更好地和学生沟通，从而在了解大学生心理健康动态的情况下，更好地开展心理健康教育工作。

（四）开展多元化的大学生心理健康教育活动

辅导员在开展大学生心理健康教育的时候，应通过开展丰富多样的心理健康主题教育，来提升大学生对于心理健康问题的重视，并且对大学生的心理健康问题进行指导和教育，从而帮助他们能够在面临挫折的时候端正自己的思想。可组织成立专门的心理社团，鼓励大学生通过一系列的社团活动来加深对于心理健康知识的了解，并且以社团为单位开展大学生心理健康教育宣传；或者以每年的5月25日大学生心理健康节为契机，邀请专家在学校开展大学生心理健康宣教活动或者专题讲座。鼓励学生用丰富多彩的心理健康宣教活动，让大学生的校园生活更加丰富的同时，也能够更好地学习心理健康教育知识。

（五）构建高职院校的信息沟通渠道

由于高职院校辅导员日常的工作压力比较大，带的学生数量众多，这就使得辅导员不可能随时随地对每一个学生的身心状态进行了解，这也就使得很多潜在的大学生心理问题无法及时地被发现，日积月累，一旦出现问题往往情况会比较严重。如何能够更好地察觉大学生的心理问题，并且及时进行分析，是每一位高职院校辅导员需要思考的问题。在这个过程中，需要高职院校辅导员结合工作的实际情况，在学生入学之初就通过学校的教务系统，以每一个班级的班委会为基础单位建立起高效的信息沟通渠道，辅导员通过班委评选出心理信息员协助开展心理健康教育工作，由心理信息员对学生的心理状态和生活状态进行观察，并且及时上报给辅导员，以便能够更加全面客观地了解每一个学生的心理状况，并且能够对潜在的心理问题进行预判，从而在大学生心理健康教育过程中做到有的放矢。

第三节 朋辈互助队伍

一、大学生朋辈心理辅导体系的构建

(一)科学建立大学生朋辈心理辅导组织体系

大学生朋辈心理辅导队伍是高职院校心理健康教育网络中的基础环节，主要任务是提供基层心理援助，在心理健康普及预防教育、一般心理问题疏导和心理危机预警三大方面都是不可或缺的力量。

1.在班级中设立心理委员

高职院校的心理委员是指在每个班级选拔专人负责开展心理健康教育工作，心理委员纳入班委会行列进行评比考核。心理委员的职责是通过开展形式多样的活动，为班级同学普及心理健康教育知识，同时以平等尊重、助人的态度和同学相处，发现了解同学的心理困惑，提供相应的帮助。作为一名班干部，心理委员要参与班级事务，在班级的各项活动中融入心理健康理念，增强全班的心理健康意识。班级心理健康教育工作开展的成效主要依靠心理委员，所以心理委员的选拔非常重要。一般来说有以下几种：个人自荐、班主任推荐和专职心理教师考察。心理健康教育工作有一定的专业性和连续性，心理委员一旦选拔上一般不会轻易更换，以保证工作质量。

2.在宿舍设立心理信息员

大学宿舍是学生在第一课堂之外生活时间最长的地方，很多心理危机

事件的源头也在宿舍。建立"四困"(学习困难、生活困苦、心理困惑、就业困境)学生群体的宿舍心理信息员组织,及时有效地了解同学的心理需求,有针对性地帮助他们疏解心理困苦,第一时间发现危机情况反馈给学校辅导员或者心理咨询师,防止悲剧事件发生。心理信息员要求关心同学,和同学能融洽相处,有基本的心理健康知识,具备敏锐的洞察力,反应敏捷。可以通过个人自荐、班主任推荐、心理咨询师考察选拔出合适的人员,接受团体心理辅导培训掌握基本的心理调节方式和技巧,能够分辨危机事件信号,及时反馈给学校。

3.组建学生心理社团或者协会

我国大部分高职院校都创办了类似于朋辈心理辅导组织的学生社团,如心理互助社、心理协会、心理研究会,通过讲座、电影、沙龙、心理测验等形式,普及心理健康知识,预防心理疾病,维护心理健康。可招募一批对心理学感兴趣的学生,定期组织电影沙龙、读书会等活动,以兴趣为纽带带领同学学习心理学基本知识,解决自己的心理困惑。在此基础上配合心理咨询师举办心理健康讲座和宣传活动,营造浓厚的校园心理健康氛围。

4.在咨询室发展朋辈咨询员

很多高职院校直接引进朋辈心理咨询模式,由专业的心理咨询人员对有潜能的学生进行培训使其成为朋辈咨询员。朋辈咨询员具有学生和心理咨询人员双重身份,能够比较敏感地发现身边同学的心理问题,并以同学和朋友的身份用合适的方式对有心理问题的同学进行纠偏和帮助,能够在无形中解决同学的心理问题且不会给同学造成心理压力。朋辈心理咨询模式与一般心理咨询模式相比较,它的主要优势就在于能够及时准确地发现问题。朋辈咨询员作为朋辈心理咨询模式的主要人物,存在于学生队伍中,他们与学生接触较多,自然最了解学生的思想、最了解学生的心理问题,这样才能及时发现并解决问题。朋辈咨询员及时地运用心理咨询知识,调解矛盾,开导疏通,营造和谐的人际关系。

(二)积极完善朋辈心理辅导预警体系

朋辈心理辅导工作除了上面说的日常个体辅导和团体心理辅导外,还肩负着一个特殊的重要任务:发现心理危机、发出危机警报、对心理危机学生的即时监控。这就要求人们必须积极完善朋辈心理辅导的预警体系。大学生朋辈心理辅导组织体系中的四个层次,构建了朋辈心理辅导中的四级预警,在学校危机预警体系中,我们可以看到,以学生和教师为两条主线,相互配合,既有分工协作,又有工作交叉,点面结合形成一个以教师为主、朋辈为辅,分别从宿舍、班级、院校三个层面开展工作的完整的立体网状体系。朋辈咨询员、心理信息员主要侧重对一般心理问题的疏导、中重度心理问题的转介、心理危机的预警和监控;心理委员和心理社团协会的工作重点为组织协调各类心理活动,普及、宣传心理学知识,预防心理问题的发生。需要强调的是,“重大心理危机”情况实行“即时报告”制度,在遇到严重或紧急危机事件时,无论哪一层朋辈咨询员,都应立即向学院教师和辅导员报告,并对危机当事人采取24小时监控,为专业教师采取干预行动争取宝贵时间。

(三)严格制定朋辈心理咨询相关制度

1.严格选拔朋辈心理咨询员

朋辈心理咨询员的潜质直接影响辅导的效果,因而严格的选拔程序是有效开展朋辈心理辅导的保证。在自愿参与的基础上,还应进行专业的心理测试和面试,以考察朋辈心理咨询员的心理健康水平和人格特征等,从而筛选出最合适的人选。

2.系统培训朋辈心理咨询员

朋辈心理辅导人员的培训必须是由专业的、取得国家职业资格认证的心理教师进行,并保证课时数量,系统对朋辈心理辅导人员进行训练和指导。

3.科学考核朋辈心理咨询员

经过培训的学生并不意味着就一定能胜任朋辈心理辅导的工作,科学的考核是检验学生是否掌握基本操作技能的必要环节。考核可采用笔试、答辩、实习等形式进行,经考核合格后由学校心理健康教育中心颁发合格证,正式成为朋辈心理辅导人员。

4.专业管理朋辈心理咨询员

朋辈心理辅导人员的管理包括:严格遵守保密原则;严格遵守相关法律法规;严格遵守心理辅导职业道德;所有人员采取三年聘用制;等等。

(四)丰富拓展朋辈心理辅导活动载体

朋辈心理咨询在实际操作中,最常遇见的一个困扰是学生不知道以何种载体深入细致地开展工作,只是常规观察或被动等待,甚至遭到了部分学生的反感和抵触。如何引导朋辈咨询员积极主动地深入学生心里,获得同学的信赖,以实现早期轻度心理问题的预防、筛查、评估、干预,重大心理危机的早期识别、预警、转介和监控,我们应着力丰富拓展朋辈心理辅导的活动载体,为朋辈心理辅导创造良好的外部环境。

朋辈心理咨询的活动载体主要有宣传类活动载体,包括心理宣传报纸、心理宣传专栏、心理健康教育中心网站、心理微信公众号、心理卫生知识展板、大学生心理适应指导手册等;娱乐类活动载体,包括心理电影赏析、心理剧、趣味心理运动会等;辅导类活动载体,包括现场咨询、各类团体心理辅导、专题讲座等;成长类活动载体,包括心理沙龙、心理拓展训练活动、心理体验工作坊等。

(五)重视加强朋辈心理咨询员的心理培训和督导

对朋辈心理咨询队伍的培训工作应着重加强其内容的系统性、实用性和可操作性。由学校心理中心统一规范培训的内容和形式,将朋辈心理咨询员培训纳入课程体系中,以选修课形式集中进行系统培训,全校统一安排"朋辈心理咨询"教学课程,授课教师综合运用授课、讲座、团体心理辅导、小组讨论、个人分享、心理互动游戏等方式进行教学,既要保证培训的数量和质量,又要灵活开展,寓教于乐,增强培训的实效性和互动性,对考核合格的学生颁发证书,并相应地计入选修课学分。朋辈心理督导是指对从事朋辈心理咨询的大学生进行定期的专业化指导,具有分享性、互助性以及成长性的特点,所以,重视和加强对朋辈心理咨询员的督导,促进其个人成长是非常必要的。朋辈心理咨询员的心理督导工作一般置于学校心理教育真实而又自然的心理教育情境之中,通过互动交流、相互督导、分享案例感受等形式,实现"一人分享,多人成长"的目的。通过心理督导,使朋辈心理咨询员提升自己心理教育的理念,在咨询过程中,大家相互评析,相互提醒,相互支持,相互帮助。

实践证明,大学生朋辈心理咨询是完善高职院校心理健康教育网络的重要模式，同龄人之间因其自然鸿沟小、信任感强、防御性低、共融性大、互动性高，在心理健康教育工作中具有其独特的优势，来自朋辈的安慰、鼓励、劝导和支持对于处于困境的学生意义重大，是深入开展大学生心理健康教育工作的一个极好的切入点。朋辈心理辅导将带动高职院校心理健康教育工作从被动的障碍性咨询走向主动的发展性辅导，推动高职院校心理健康教育工作的纵向深入发展。

二、高职院校朋辈心理咨询员队伍建设与管理措施

（一）加强领导，明确朋辈定位

高职院校朋辈心理咨询员应包含班级心理委员、心理信息员、心理协会成员，在心理健康教育职能机构及院系两级组织的指导和帮助下，传播心理卫生知识，发挥心理自助功能，消除心理问题隐患，优化个性心理品质，促进心理健康发展的学生工作人员，属于高职院校学生干部，拥有高职院校学生干部同样的权利和义务，是高职院校的“阳光使者”，是各宿舍、各班级、各院系、各高职院校心理健康教育工作的信息员、宣传员及引导者。

（二）严格选拔和配备朋辈心理咨询员队伍

把好选拔和配备关，关键是严定选拔标准。(1)应配备多层次的朋辈心理咨询员，除了院心理协会成员外，应在各班级至少配备2名心理信息员，1名男生、1名女生，如果宿舍不集中，应以宿舍群为单位，保证至少每个宿舍群均有朋辈心理咨询员。(2)严格规定选拔的标准。朋辈心理咨询的效果，在很大程度上依赖于朋辈心理咨询员的潜质，因而朋辈心理咨询员的挑选显得十分重要。(3)在自愿报名的基础上，经过入学后近两个月的观察，筛选出心理健康状况良好、具有一定乐群性、稳定性的学生作为培训的对象。

一般来说，朋辈心理咨询员应该具备共情、积极关注、尊重、诚实可信、乐观、合群等素质。第一，具有健康心理与健全人格。拥有乐观积极的人生态度和健全的人格，不仅能帮助身边同学，也能够自我保护。用健康积极的心态感染身边的同学。第二，热情耐心，真诚负责。朋辈对身边同学能坦诚相待，对身边的求助者能够耐心帮助，给予积极的关注、鼓励和有益的反馈。第三，诚实可信，宽容接纳。能够理解和接纳身边同学的各种思想和心态，不加批评地讨论问题，保持中立态度，充分理解来访学生成长道路上遇

到的阻力和障碍,用发展的眼光看待身边的同学。第四,合群,有人格魅力和影响力。在同学中人际关系处理得很好,在班级里开展心理教育活动能得到积极的响应,有组织和策划能力。第五,热爱心理健康教育,有奉献精神。朋辈心理辅导是一项助人、自助的工作,需要朋辈具有一定的奉献精神。

(三)加强朋辈心理咨询员专业化培养培训

朋辈心理咨询员属于高职院校学生干部,但又有别于其他学生干部,朋辈心理咨询工作的开展需要有相关的理论知识、掌握相关的辅导技能,才能积极有效地为广大同学提供服务。因此,进行心理学相关理论基本知识、朋辈咨询的基本技巧和注意事项等培训就显得尤为重要。朋辈心理咨询员的系统培训应由高职院校心理健康教育职能部门统一部署,制定严格的培训计划。对培训内容的难易、培训规模的大小都要做统筹安排,还应对后续进入的朋辈心理咨询员进行补训工作,以保证队伍的质量。

培训的内容应全面系统,以普及性知识为主,由浅入深、由易到难循序渐进地进行。可采用以下三种系统计划:(1)知识培训,包括大学生心理健康的标准、大学生常见心理问题的辨别、朋辈心理咨询员的任务和职责、朋辈的咨询理论等。(2)自我分析与体验,包括朋辈心理咨询员的自我认识、自我分析、自我探索以及个人效能感的提升,朋辈心理咨询员自助的意识及技巧,包括自我管理技术、自我调控技术。(3)技能培训,包括朋辈咨询技巧(合理情绪疗法、系统脱敏法等)、团体辅导活动技巧(角色扮演等)、心理危机干预能力(转介意识和能力)。另外,还应培养朋辈心理咨询员之间的沟通能力,主动进行工作的交流和方式方法的探讨,使得朋辈心理咨询员的工作形式更加丰富,工作方法更加完善。培训工作要形式多样,易于接受,这有利于调动朋辈心理咨询员的热情与积极性,可采取个案分析、模拟咨询、主题讨论、心理讲座、心理剧演出等多种形式,有条件的高职院校可以编写培训手册,保证培训的质量,巩固培训效果。

(四)深化朋辈心理咨询工作方式

加强朋辈心理咨询员专业化队伍建设,就是要不断加强和提高高职院校朋辈心理咨询员的工作技能,使朋辈工作有利于学生的心理健康和校园和谐安全稳定。这就需要探索和深化朋辈心理咨询员工作的方式,多样化的咨询方式,积极丰富的内容可以更广更好地帮助学生。

(五)建立朋辈心理咨询工作的激励、监督和评价机制

1.激励机制

将朋辈心理咨询员纳入学生干部队伍、设立单项奖学金,对于工作成绩显著、深受学生好评、工作态度端正、工作方法创新的朋辈心理咨询员给予物质奖励和精神奖励,如对优秀朋辈心理咨询员给予学分奖励,评选优秀朋辈心理辅导员等,以增强朋辈心理咨询员的工作热情和积极性。

2.监督和评价机制,对朋辈心理咨询工作进行有效和公正的评价

可以采取实际工作能力测试和书面测试相结合的方式,从德、能、勤、绩四个方面考核评价,不仅仅体现在建立制度上,还要让学生和班主任、辅导员参与评价过程,特别是通过学生的反馈,了解朋辈心理咨询工作的状况,以此作为奖励的依据。

三、心理委员

心理委员是心理健康教育的一支重要队伍,是朋辈心理辅导推广的助人、自助的一种新方式。朋辈心理咨询倡导让年龄相近、背景相近、经历相近的个体互相给予心理安慰、支持、鼓励和劝导,开展具有心理辅导功能的互助活动,从而使参与者心理素质向积极方向发展。

(一)心理委员的职责范围

1.观察同学心理动态

观察是心理委员的常规工作之一,也是最常用的工作方式。心理委员作为学生中的一员,更容易从学习、生活、人际交往等多方面观察同学的心理状况。心理委员需要阶段性地向专职心理咨询师反馈班级学生的心理健康状况,如发现特殊情况,则需要及时报告,最终根据观察的结果,撰写班级心理工作日志。

2.帮助同学解决心理困扰

每当发现存在心理困扰的同学,心理委员要主动给予关心和提供支持,恰当地运用朋辈心理辅导的方法和技巧来帮助同学解开心结,舒缓心理压力,解决心理问题。如果遇到较为复杂的案例,则要及时报告专职心

理咨询师。

3.宣传心理健康知识

作为班级心理健康教育的宣传员，心理委员有义务通过主题班会、知识竞赛、黑板报和电影欣赏等途径，向同学宣传和普及心理健康知识，介绍维护心理健康的方法技巧，提高同学的心理保健意识，增强同学的心理素质。

4.协助心理教师开展工作

协助专职心理咨询师开展工作是心理委员的主要职责。例如，心理咨询师在制定教学计划和方案时，可以通过心理委员反馈的信息来了解学生的需求，在对学生进行心理测量时可以先培训心理委员，再让其参与施测过程，在开展心理健康活动课时可以让心理委员参与策划和组织等。

（二）心理委员的选拔和培训

1.选拔标准

心理委员的自身素质和责任心直接关系到班级心理健康教育工作的成效，因此必须严格选拔程序，制定选拔标准。通常根据班级的实际情况，可以设立男女心理委员各一名。采取"个人自愿，辅导员、班主任考察推荐，心理咨询师面试"的方式，择优选任。

2.培训内容

心理委员的工作需要一定专业知识的支持，所以必须对心理委员进行相应的培训，一般进行岗前培训和在岗培训。培训内容主要包括以下十个方面：(1)心理委员的职责范围和工作制度，目的是让心理委员明确本职工作的具体内容和规范；(2)明确工作关注的重点对象；(3)掌握班级管理工作日志的内容和要点，要求心理委员在班级日志中据实填写同学的心理动态、开展的心理健康教育活动和出现心理危机的干预和上报等信息；(4)掌握同学的心理发展特点和规律，了解同学群体一般的心理特征；(5)学习常见心理问题的甄别方法；(6)掌握心理危机的干预手段，学会运用一些较简易的方法如规劝法、榜样法和心理暗示法来开展同辈心理辅导活动；(7)掌握心理辅导的原则和技巧；(8)掌握团体培训的操作和技能，了解团体培训的流程，能够辅助心理教师开展团体心理辅导活动；(9)学会使用心理测量工具;(10)学习分析案例,根据典型案例进行集体分析,加深对心理健康教育的认识。

(三)心理委员的管理制度

选拔是保证心理委员队伍工作成效的第一环节,只有选拔出真心为班级服务和热心心理健康教育工作的学生,才能真正有助于心理健康教育的开展。因此,心理委员的选拔任用制度、培训制度尤其重要。此外,心理委员的管理制度还包括跟进报告制度、监督指导制度、奖惩激励制度。

1.跟进报告制度

心理委员要定期向心理咨询师反馈班级同学的心理状况。一旦发现班里同学出现心理问题,就要及时向心理咨询师报告。在对同学进行朋辈心理咨询时,也要求定时向心理咨询师报告咨询进展和结果。同时,心理咨询师需要跟进心理委员的工作进度,及时提供指导或接受转介。

2.监督指导制度

心理咨询师要对心理委员进行定期督导,指导心理委员解决在工作中遇到的困难,帮助其进一步提升心理委员需要掌握的知识和技能水平,增强其心理健康素养。

3.奖惩激励制度

在心理委员的管理中应设置奖惩激励制度,对表现突出的心理委员要给予适当的奖励,肯定其优秀的工作成绩和付出的辛勤劳动;对于实际工作中无所作为的心理委员,要及时进行诫勉谈话,指出存在的不足;对于确实无法胜任心理委员工作的同学,要在恰当的时机进行调整。

四、心理协会

高职院校心理协会是大学生基于对心理学的兴趣,本着完善自我、服务他人的宗旨自愿成立的学生组织。《普通高等学校学生心理健康教育工作基本建设标准(试行)》(教思政厅〔2011〕1号)提出:高职院校应充分发挥广大学生在心理健康教育工作中的主体作用……支持学生成立心理社团,组织开展心理健康教育活动,普及心理健康知识,充分调动学生自我认识、自我教育、自我成长的积极性、主动性。这一标准将发挥广大学生在心理健康教育工作中的主体作用与高职院校心理协会建设紧密联系在一起，进一步强调了加强心理协会建设的重要意义。

（一）高职院校学生心理协会的工作内容

1. 宣传普及心理健康知识，一般通过举办心理专题讲座、制作知识宣传展板、制作心理健康宣传刊物、建设心理网站，运用新媒体如微博、微信公众平台等途径进行。

2. 开展各类心理主题活动，如每年的“5·25大学生心理健康节”，趣味心理运动会，心理知识竞赛、心理电影赏析、心理沙龙、心理剧大赛等。

3. 参与组织开展团体心理辅导活动。首先，协助心理咨询师开展专业性较强的团体心理辅导活动；其次，经过系统培训，协会成员可组织开展心理主题的素质拓展训练活动。

4. 了解心理危机预防及干预相关知识，能够及早识别身边有心理问题倾向的同学，及时上报，参与到心理危机预防工作中。

（二）高职院校心理协会的建设措施

1. 加强制度管理，建立健全规章制度

心理协会的建设需要通过健全的制度管理才能发挥其积极作用。高职院校心理协会的建设应该根据每个学校的具体情况和学生的心理健康状况，以及协会的特点与实际工作的要求，制定出详细的工作制度和管理办法。工作制度用以确定心理协会的性质、任务、义务与责任。这是心理协会运作应遵循的基本准则，心理协会成员应按照工作制度要求，不得作出有损自身或同学身心健康的事情，应致力于提高自身心理素质，同时帮助周围同学提高心理素质。

管理办法用以确定心理协会的干部任免机制、会议制度、活动管理制度、奖惩制度等。干部任免应切实推行干部民主选举制度，协会事务管理推行协会民主协商制度；应实行协会及各部门例会制度，学期内无故缺席达三次者，可给予开除处分；对活动实行目标管理制度，活动前提交策划书，活动中实行合理分工与团结协作相结合，活动结束后提交活动总结，严把协会活动质量关；每学期末提交学期工作总结和下学期工作计划，完善心理协会工作的延续性与计划性；在成员奖励制度上，要求各部门平时做好活动登记，

及时对成员的各项表现进行记录,以作为考评的依据,同时做到奖惩的及时、公平、公正。

2.提高思想认识,注重发挥心理社团的主观能动性

高职院校心理协会建设需要教师和学生都加强自身的思想认识,充分意识到心理建设的重要性,并且发挥主动性和积极性,参与到心理活动开展的过程中去。对于心理协会的工作人员来说,应该具有强烈的责任感,把别人的事情当作自己的事情来对待,与需要帮助的人进行耐心的沟通,设身处地为他人着想。这样才能提高自己从事心理协会工作的专业能力,真正帮助到其他人。对于协会指导教师来说,应充分尊重心理协会进行自我管理、自我教育与自我服务的诉求,维护心理协会的独立性,积极调动学生开展工作的主动性,最大限度发挥心理协会的创造性,促进心理协会自由全面发展,使他们自觉构建和形成独立自主的工作格局。

3.提升学生心理社团的专业性,进行有效的培训

开展心理主题活动所需的专业性较高,需要专业的指导和持续培训。作为专业性协会,高职院校心理协会成员须具备一定的心理基础知识,才能更加有针对性地开展活动,特别是协会中负责团体心理辅导和朋辈咨询的人员,更需要掌握相关的知识储备及助人技能。因此,心理协会应在教师的指导下,学习一定的心理辅导理论、原则与方法,通过相对专业的专题培训,掌握心理保健与预防、心理问题的识别、朋辈辅导技能、团体心理辅导技术等方面的知识,全面提升学生心理骨干的业务能力和专业水平,才能更好地发挥学生心理协会的自主教育作用。

4.丰富活动形式,打造品牌化特色活动

心理协会的建设也需要不断丰富和创新活动形式,吸引大学生主动积极参与心理活动。高职院校心理社团,应不断探索模式,以活动吸引力、活动效果为评价标准,不断进行创新,提高活动质量,提升活动内涵,重点打造品牌活动及社团影响力,在大学生心理健康教育中积极发挥有效作用。特色的心理活动是指具有宣传心理健康知识、引发参与者良好心理体验或提升参与者心理素质等功能的心理健康教育活动,它是心理协会得以生存甚至是心理健康教育宣传工作得以有效开展的生命线,心理活动缺乏特色是削弱心理健康宣传工作实效性的最主要原因。因此,心理协会工作人员应该不断更新自己的专业知识，通过参加培训班、自主学习、向其他同学和教师学习经验等方式来提高自身的服务能力。这样心理协会工作人员才能在工作中不断更新自己的理念，大胆设计和开展一些新颖的活动，大学生参与心理活动的积极性更高，配合度更高，心理协会建设工作才能取得理想的成效。

5.注重辐射，促进大学生整体心理素质的提高

学生心理协会开展心理健康教育工作有着得天独厚的群众基础和丰富的人力资源，在时间和空间上有着无限的扩展性。借助各种媒体，他们有能力开展一系列的心理健康教育实践活动，借助宿舍、班级等单位，他们能够举办各类心理健康主题宣传活动，使心理健康教育渗透到校园的文化建设中。除了在班级、宿舍中的辐射作用，心理协会应加强与学校其他协会团的联系，加强在学校协会中的辐射作用。学生参加各种协会的初衷正是为了改善自身性格中的某些不足或拓展人际交往的时间和空间，提高自己处理问题、组织事务等方面的能力。心理协会应通过协会间的交流，邀请其他协会为心理协会开展活动，并主动为其他协会开展心理活动，既能够为心理协会成员提供更多的交往机会，提供更多的活动思路，也能够迅速在各协会中宣传心理健康知识，帮助各协会成员树立良好的心理健康保健观念。补足或拓展人际交往的时间和空间，提高自己处理问题、组织事务等方面的能力。心理协会应通过协会间的交流，邀请其他协会为心理协会开展活动，并主动为其他协会开展心理活动，既能够为心理协会成员提供更多的交往机会，提供更多的活动思路，也能够迅速在各协会中宣传心理健康知识，帮助各协会成员树立良好的心理健康保健观念。

第九章 平台建设

平台建设是构建心理健康教育工作保障体系的重要内容，也是高职院校实施心理健康教育工作的载体和保证。要做好大学生心理健康教育工作条件建设，配备必要的场地设施，才能顺利开展高职院校心理健康教育各项工作。

第一节 心理健康教育中心

心理健康教育中心是高职院校心理健康教育工作的枢纽，承担着全校心理咨询与教育、心理危机干预等工作职能，开展一系列面向全校学生的服务和教育活动，培养学生良好的心理素质，对于大学生心理疾病的早期诊断和预防有重要的意义。心理健康教育中心建设标准应从人员配备、场地设施建设和制度建设三个方面进行。

一、心理健康教育中心人员配备

1.专职心理教师

资质要求：(1)具有医学、心理学、教育学相关专业硕士及以上学历；(2)完成了心理咨询师的规范化培训，具有相关工作经验；(3)受过系统心理咨询技术流派培训并取得相关资质认证。

2.兼职心理教师

资质要求：(1)属于各院、系的心理辅导教师；(2)受过心理学理论知识和系统培训并取得相关资质认证；(3)具有处理突发情况的知识和基本技能。

3.学生人员

(1)中心教师助理；(2)大学生心理协会；(3)朋辈心理咨询员。

二、场地设施建设

大学生心理健康教育中心应设有功能室，包括接待大厅(走廊)、办公室、档案资料室、案例督导室/危机干预室、团体活动室、个体心理咨询室、情绪宣泄室、减压放松室、沙盘游戏室、心理素质训练室/VR训练体验室等。

1.接待大厅(走廊)

接待大厅分接待台与等待区两部分。接待台可接待来访师生、家长,接听热线电话,进行预约登记;等待区分为大小相同的独立隔间,保护来访学生隐私,可安排预约咨询学生等待。

2.办公室

办公室是心理咨询师日常办公、工作例会、活动策划的重要场所,房间面积大小和布置按照办公人数、日常需求考虑,可将内外套间设置为办公区,整合办公、心理热线、档案存取查阅等功能,并配备必要的办公设施。

3.档案资料室

心理档案资料室存放师生在校期间心理普查、测评、咨询干预的完整档案。配备相关心理学测评系统及工具,包括进行测评需要的筛查量表、文字版或电子版成套评估量表,以及装有各种评估所用工具等。设有来访学生资料数据库。配备必要的办公及资料储存设施。墙壁可悬挂记录板,用于日常事务的记录。

4.案例督导室/危机干预室

案例督导室/危机干预室是日常心理咨询、案例研讨及教学中心理咨询技术模拟训练及心理危机干预的重要组成部分,为心理咨询师提供督导和个人成长,保证心理素质教育活动和心理咨询的质量和效果。

5.团体活动室

团体活动室是开展心理健康活动课教学和针对某一心理问题进行室内团体心理辅导、游戏辅导、心理训练、心理协会与大学生朋辈心理咨询活动的场所,兼有心理健康活动课教室和团体心理辅导室的功能。

6.个体心理咨询室

个体心理咨询室需要独立、安静的房间,适合单个心理咨询师坐诊与单人就诊。提供保密功能,如隔音良好、进出咨询室的门分开,尽量设在人流较少的地方。提供适当宽敞安静的空间,配置两三张舒适、有靠背和扶手的椅子或沙发，提供圆角茶几、饮水机等，可安装督导摄像头，以便记录与教师督导学习。

7.其他

除以上规范外，可根据高职院校具体情况设置情绪宣泄室、音乐放松室、VR训练室、沙盘游戏室、家庭治疗室等。

三、制度建设

心理健康教育中心需要制定一系列的规范化制度，包括：心理健康教育工作实施方案、心理健康情况汇报制度、学生心理档案管理制度、学生心理普查制度、心理咨询师职业道德规范、心理咨询工作制度、心理咨询值班制度、心理咨询的基本原则、心理咨询师督导守则、来访学生须知、大学生心理危机干预与自杀防控实施方案、二级学院心理健康辅导站建设方案、学生朋辈心理咨询员管理制度等。

1.心理健康教育工作基本建设实施方案

包括体制机制、师资队伍、教学体系、活动体系、咨询服务体系、危机预防与干预体系、工作条件建设等。

2.心理健康教育中心管理制度

包括中心工作职责、岗位职责、工作制度、工作守则等。

3.心理咨询工作制度

包括心理咨询基本原则，心理咨询工作流程，心理咨询值班、预约、访谈、回访、转介、反馈等制度，案例会诊、个案研讨与督导制度，来访学生须知，心理咨询从业人员职业道德规范等。

4.心理健康教育网络体系制度

包括心理健康教育运行机制及管理办法(包含二级心理健康辅导站管理办法)、心理危机预警与干预工作制度(包含四级心理预警防控体系，心理危机随时报表、周报表、月报表制度，心理危机干预工作预案，心理危机转介诊疗机制等内容)。

5.心理健康教育培训、考核与激励制度

包括辅导员心理辅导技能培训与管理制度，心理健康教育工作考核评比办法制度等。

第二节 二级心理辅导站

一、高职院校二级心理辅导站建设的意义

（一）有利于完善高职院校心理健康教育网络体系

《高等学校学生心理健康教育指导纲要》（教党〔2018〕41号）指出：健全心理危机预防和快速反应机制，建立学校、院系、班级、宿舍“四级”预警防控体系。二级辅导站是着力构建系部、辅导员、心理委员共同参与的管理体制和工作机制的重要环节，在学校—院系—班级—宿舍心理健康教育“四级”网络体系中的起桥梁纽带作用，是切实履行各级责任人职责，形成一级抓一级、层层抓落实的工作格局的重要抓手。

（二）有利于转变高职院校的心理健康教育模式

在高职院校各院系设立二级心理辅导站，有利于转变高职院校以往只注重个体的预防干预的心理健康教育模式，可以更好地坚持全体性教育、注重发展性教育、开展针对性教育，同时更有利于进行心理监控和危机干预工作。

（三）有利于激发二级学院的主动性和创新性

以心理辅导站建设为抓手，结合各院系特色，可充分发挥心理健康工作的积极性、主动性和创造性，推动心理健康工作继续走深走实，切实将心理健康工作融入学生工作全局中，不断提高该项工作的效果和水平。

（四）有利于培养发挥大学生朋辈心理互助员的作用

学生朋辈心理互助队伍在各层面都有相应的人员发挥不同的作用，学校层面：大学生心理健康协会成员，协助心理健康教育中心开展全校性的心理健康宣传活动；院系层面：学生心理互助中心或心理健康部，协助院系开展本院系的各种心理健康宣传活动；班级层面：班级心理委员，主要负责本班级的心理健康宣传及本班同学心理观察员；宿舍层面：宿舍心理信息员，

主要及时发现出现心理危机的同学并立即汇报。

二、高职院校二级心理辅导站建设的目标和职责

(一)工作目标

1.总目标:提高全院(系)学生的心理素质,促进每一位大学生的健康成长。

2.具体目标:围绕总目标,立足学生发展,从心理教育辅导出发,着力加强大学生适应能力、情绪认知管理、压力管理与挫折应对、人际交往、自我意识、常见心理问题识别与应对等的教育引导,不断开发大学生潜能,提高大学生自我调适能力,提升大学生心理韧性,形成“自助—助人—互助”的良好氛围。

(二)工作职责

二级心理辅导站的工作职责是指在学校心理健康教育中心统一指导下,负责本院系学生的心理健康教育、宣传、辅导等工作,营造心理健康教育良好的氛围。辅导站的主要工作职责如下:

1.负责本院系学生一般心理问题的日常辅导,并及时做好辅导记录,同时保护学生的隐私,及时转介心理问题较严重的学生到学院心理健康教育中心咨询。

2.在本院系积极做好心理健康知识的宣传和普及,宣传学校心理健康保健资源。

3.指导本院系学生会心理部长、班级心理委员及宿舍心理信息员开展工作,对本院系各班级心理委员进行管理和考评,充分发挥在学院—系—班级—宿舍心理健康教育“四级”网络体系中的桥梁纽带作用。

4.及时了解本院系学生心理健康状况,建立重点关注学生动态心理档案、进行心理危机情况的排查、预警以及实时监控,在心理健康教育中心的指导下实施有效干预和跟踪服务,预防和减少心理危机事件的发生。

5.协助中心开展学生心理健康普查工作,对于中心反馈的可能存在心理问题的学生进行观察和追踪访谈,做好访谈记录;做好辅导记录和重点关注学生材料的归档,严守保密规定。

6.配合中心开展全校心理健康教育活动,有效落实中心部署的各项心理

健康教育相关工作任务，及时向中心反馈心理健康教育工作情况。

7.制定本院系心理健康教育工作计划，及时总结开展心理健康教育工作的情况和经验。加强与中心的沟通，提供有关信息和建议，为做好学生心理健康教育工作提供科学依据。

三、二级心理辅导站建设的措施

（一）组织机构建设

二级心理辅导站要设置明确的组织机构，建立完善相关的规章制度。辅导站由各院系主管学生工作的负责人整体负责，选配心理辅导员具体负责辅导站的日常工作（心理辅导员原则上由具有教育学、心理学、医学、思想政治教育专业背景或接受过心理辅导技能培训的教师担任，一般每系安排1名）。其他成员包括本院系学生会心理部、班级心理委员、宿舍心理信息员等。

（二）场地设施建设

二级心理辅导站是在教学院系内设置的学生心理健康教育的工作场所，辅导站的具体建设由各院系实施，要设立心理健康教育的专用场所，场所布置整洁温馨，要配置谈心谈话所用的基本设施，配备相应的沙发、茶几、办公桌、装饰品等办公设备。同时，每年根据各院系学生总数按一定比例给心理辅导站下拨活动经费，要求专款专用。

（三）工作制度建设

二级心理辅导站要注重制度建设，进一步明确辅导站、心理辅导员、班级心理委员、宿舍心理信息员的工作任务和纪律，明确职责，协调推进，逐步加大辅导站建设力度。具体制度包括二级辅导站工作职责、心理辅导员工作制度、班级心理委员工作职责、宿舍心理信息员工作职责、学院心理健康辅导站考评细则等。

（四）师资团队建设

二级心理辅导站的工作人员主要为平时工作在一线的心理辅导员，高职院校心理健康教育质量的高低关键在于必须有一支高素质的教育队伍。因此，需要对站点定期、分批安排心理辅导员参加相关专业培训、会议及交流活动；组织内部集体学习；购买心理健康教育类书籍共同学习。

1.具有心理学专业或相关专业(教育学、医学、思想政治教育等)的硕士学位,并从事一年以上政治辅导员工作。

2.具有良好的心理素质,适合从事心理辅导工作。

3.具有敬业奉献精神,富有爱心,乐于助人,责任意识强。

4.掌握心理辅导的基本理论与技巧,了解大学生的心理特点,并具有一定的心理辅导能力。

5.参加学校组织的各种心理辅导的理论与技能培训。

6.遵守咨询伦理道德,坚守保密原则。

第三节 心理服务云平台

心理健康教育信息化是心理健康教育的基础力量和重要依托。学校心理健康教育信息化建设项目最大限度在心理测试、心理咨询预约及在线咨询等方面方便学生,更好地服务学生。在心理健康教育领域运用现代信息技术整合资源、提升心理健康教育质量、实现心理健康教育现代化与精细化,提高工作效率和工作水平。对提高高职院校心理健康教育科学化具有重要价值和意义。

高职院校心理健康咨询工作在大数据、网络化的时代背景下,心理咨询量高速增长,危机案例越来越多,这些现状让不少人呼吁建立专业、系统、有效的信息系统。因此,加强心理健康服务体系建设,就要充分利用教育信息化技术积极开展心理健康教育方式、方法创新,不断探索心理帮扶的路径。组织技术人员或者是以购买服务的方式,开发心理自助服务平台的功能系统,不断提高心理服务的质量和水平,落实“以学生为本”的心理教育理念,对于推动心理健康教育创新与体系建设具有重大而深远的意义。

一、心理服务云平台的功能模块

1.心理宣传模块

主要是发布心理健康知识和心理健康活动的推介。心理健康知识包括心理健康的评价标准、心理正常与异常的区分、常见的心理异常症状等。该模块的主要功能是信息发布。

2.心理咨询模块

主要是针对有心理咨询需求的大学生,他们通过自我修复无法达到心理健康的状态，需要寻求外在的社会支持系统，需要向专业人士求助。该模块包含了心理咨询师的个人介绍以及擅长的领域等信息，求助者可以通过平台预约心理咨询师，或者在相对安全的情况下，通过链接给心理咨询师留言或通过对话框聊天咨询。该模块的主要功能是咨询预约及在线咨询。

3.朋辈服务模块

主要是针对朋辈心理咨询员的一个模块。朋辈心理咨询员的身份是学生，同龄人之间更容易建立信任感。心理健康教育中心通过培训一批朋辈心理咨询员为有需求的学生提供心理倾诉服务。他们自身心理素质过硬，了解心理健康相关知识，熟悉心理健康教育的日常管理工作，熟悉心理异常学生的处置流程。该模块的主要功能是朋辈倾诉服务。

4.心理测评模块

主要是为学生提供心理健康、人格、能力、情绪等方面的心理健康测试，支持手机移动端和电脑端线上心理测验，具有统计分析、筛查预警、报告管理、量表管理、档案管理等功能，便于心理健康教育中心开展实施心理普查筛查，学生登录系统参与心理健康测评后，系统会自动根据测评结果对学生进行预警等级划分，便于心理咨询师及时关注、处理重点高危人员，心理咨询师可以通过此系统进行测评结果查询和导出。测评后系统为每一个学生建立心理健康档案并可实现查询、修改、分类等功能。该模块的主要功能是心理测评与筛查。

5.心理危机干预模块

心理咨询师对个案进行专业的危机干预，可对自杀危险性、自伤危险性、攻击危险性三项维度进行相应评估，并按照“警戒”“高危”“追踪”“关注”“正常”五个预警等级进行标记，对首要危机问题类型进行确认，对危机处理方案进行多选，当选择“通知院系”后，系统会要求心理咨询师填写自动推送到院系管理员首界面的咨询小结，将中心与院系紧密联动。该模块的主要功能是线上危机干预工作，更加高效快捷。

6.心理健康档案管理模块

为每一个学生建立心理健康档案，对有异常的个体数据进行汇总，该模块能实现查询、修改、分类等功能。

二、心理服务云平台的建设

心理服务云平台是集心理测评、危机干预、心理咨询、心理训练于一体的心理健康信息化管理平台。可以学校或心理健康教育中心微信公众号为平台，或者以购买服务的方式设计App，建设心理服务云平台，也可借助第三方平台链接至本校相关平台。

1.平台基本构思

心理健康管理平台将采用网络媒体形式进行数据采集，以数字化、标准化、大数据理念，对学生入校后涉及心理状态的信息进行记录。信息记录包括：

(1)心理健康教育中心。心理排查情况、咨询记录(只记录咨询次数)。

(2)辅导员。学生成绩、日常行为表现、特殊事件及情况。

(3)学生本人。学生基本信息，每学期记录一次思想状态及生活中的大事件。

2.平台数据的用途

(1)高危个案的预测和评估(标准化进行筛选)。

(2)大数据采集用于研究工作，掌握学生特点。

(3)建立学生心理档案，总结规律。

三、心理服务云平台建设的启示

(一)能提供更及时、全面的心理健康服务

在结构上，心理服务云平台具有很好的开放性和兼容性，能够在手机和电脑上应用；在功能上，适合于不同的群体，为其提供心理服务。一般情况下，学生出现心理困扰后，倾向于在网上寻找资源和向他人求助，当网上的资源和他人都无法提供有效的心理支持，在其实在受不了的情况下，才向心理健康教育中心或者专业的心理治疗机构求助。如果通过心理自助服务云平台早期介入，就可以为学生提供更及时、全面的心理健康服务。

(二)有利于社区心理服务体系的建设

习近平总书记在全国卫生与健康大会上的讲话和十九大报告都指出，

要加强心理健康服务体系的建设。《关于加强心理健康服务的指导意见》《关于印发全国社会心理服务体系建设试点工作方案的通知》也都指出要加强心理服务体系的建设。心理服务云平台适合高职院校、社区、企业使用，做到家、校、社区、企业四方协同育人。

（三）提升学生工作效率

心理服务平台的自助模式符合中国的文化特点和网络时代大学生的心理行为习惯，能系统有效地保护大学生的隐私并充分发挥其自主权。另外，学会使用网络检索信息也是当代大学生的一项必备技能，心理服务云平台的建设也有利于其职业素养的提升。在以后的工作中不断地完善该系统，让大学生实现心理自助，也是心理咨询师"助人自助"的初心，让学工人员能真正体会科技带来的学生工作模式转变，不断创新工作模式提升效率。

第十章 评估激励

心理健康教育工作开展的成效需要进行科学的评估，激励是促进心理健康教育工作不断推进的手段。制定科学合理的心理健康教育评估指标体系，建立长效的心理健康教育工作考核激励机制，是推进心理健康教育工作不断发展完善的有力保障。

第一节 心理健康教育工作的评估

一、高职院校心理健康教育评估的目标和原则

(一)高职院校心理健康教育评估的目标

高职院校心理健康教育评估是根据一定的评价指标体系和价值判断体系，通过系统获取有关的信息，按照科学合理的评价原则，运用专门的评价方法和技术，对学校心理健康教育要素、过程和效果进行价值评判的活动和过程。在评估工作中，心理健康教育评估目标的确立居于核心地位，是顺利开展评估工作的首要任务，也是构建评估指标体系的前提。

1.根本目标

高职院校心理健康教育评估的根本目标在于促进和规范高职院校心理健康教育工作科学、健康、顺利发展，提高心理健康教育工作质量，推动心理健康教育工作改革，营造高职院校良好心理氛围，切实提升广大师生心理素质和心理健康水平。

2.基本目标

高职院校心理健康教育评估的直接目标在于及时地、全面地、动态地、发展地了解学校心理健康教育工作开展的现状、特点、存在问题等基本情况，评定学校心理健康教育工作的总体水平；在于协助学校正确认识心理健康教育工作的得与失、困难与成功、机遇与挑战，推动心理健康教育工作者

的专业发展和个人成长,明确学校今后工作的重点和方向;在于协助师生关注和正确了解自身真实心理健康状况和今后的努力方向;在于促进学校、家长和社会各方力量给予心理健康教育工作更多的支持,为今后更好开展心理健康教育各项工作做好积极准备。

(二)心理健康教育评估的原则

心理健康教育评估是一项科学性很强的工作,评估所得出的结论对实际工作具有很强的指导作用。因此,评估的过程中必须遵循一系列科学原则,使评估真实可信,既能客观揭示问题,又能激励上进,促进各项教育工作积极开展。

1.客观性原则

在进行心理健康教育质量评估时,要实事求是,不主观臆断,不凭个人好恶论长短。评估必须根据科学的标准来进行。若评估中掺入个人好恶,势必会挫伤被评判者的积极性。

2.全面性原则

在评估中要全面而恰如其分地评价心理健康教育工作中的各个项目或各种具体指标,不过分地渲染某些项目或某些指标,而忽视另外一些项目,否则易使工作失去平衡,出现片面性。评估是一种全面"收集信息"的过程,它告诉我们有关学生成长和学习的进展情况。

3.定量分析与定性分析相结合的原则

定性分析是指对被评估对象的性质进行分析,定量分析是对被评估对象的数量进行分析。评估中要将二者有机地结合起来,缺少任何一方都不足以全面地把握被评估对象的实际状况。

4.他人评估与自我评估相结合的原则

心理健康教育评估不仅要有行政领导、同行或专家来参加,还要有被评估者参加。心理健康教育评估的任务不仅仅是给被评判者下一个定论,贴上一个标签,更重要的是通过评估改进心理健康教育工作。被评估者的自我认识和自我评价是保证全面、公正地进行评估的一个不可缺少的因素。没有他们对自己的工作和表现所提供的信息和看法,评估就失去了一个重要依据,评估的客观性、公正性就难以保证。

5.评估的质量原则

学校心理健康教育评估是以强化心理健康教育工作者的质量意识和责任感为基础的。因此,在评估时要运用科学的方法和手段,对学校心理健康教育过程及其结果进行检查和分析,以判断工作绩效的水平如何。加强心理健康教育质量管理,获得满意的工作绩效,无论是对学生、学校还是对社会都有重要意义。首先,加强心理健康教育质量管理是实现学校心理健康教育基本任务,满足学生、学校和社会需要的保证;其次,抓好学校心理健康教育质量管理,才能保证教育投入的有效性;最后,质量管理为客观评估学校心理健康教育工作提供了标准和手段。

6.评估的指标原则

确定适当的评估指标是对学校心理健康教育评估的关键。良好的评估指标对学校心理健康教育产生的作用或效果具有有效性、可信性、敏感性、特异性和可行性。评估指标可分为直接指标和间接指标两大类。直接指标是指通过心理健康教育直接产生的作用,包括学生个体或群体的心理健康知识水平、对心理健康的态度和信念心理卫生习惯和自我心理保健能力等。间接指标是指通过心理健康教育,在提高学生心理健康知识水平和观念的基础上,学生通过一系列心理卫生习惯和自我心理保健措施而得到的心理健康效益的指标。

二、高职院校心理健康教育评估的内容指标

高职院校心理健康教育评估内容通常需要由一些比较具体的、可量化的指标来反映,而评价指标就是开展评估工作的实施规程和标准尺度,因此要根据学校自身发展情况,尤其是学生、环境等,全面确定评估的内容,进而确定科学、客观、全面、可行的评估指标。

(一)心理健康教育工作的组织管理评估

包括学校各级领导参与心理健康教育工作的状况,学校开展心理健康教育工作的运行机制以及经费投入和使用情况;包括心理健康教育管理机构的设立及工作开展状况,工作和管理人员配置状况;还包括心理健康教育工作的近期工作计划和远期规划,各项工作制度建设情况以及具体的管理措施等指标。

(二)心理健康教育工作的师资水平评估

主要包括学校专兼职心理健康教育教师的数量以及师生比,包括心理健康教育教师的学历、职称、年龄结构以及资质,包括心理健康教育教师的专业能力和职业道德水平,包括心理健康教育教师的进修学习和培训经历等指标。

(三)心理健康教育工作的设施环境评估

主要包括心理健康教育场所地理位置、周边环境和内部整体风格,包括开展心理健康教育工作的各功能室、办公设备、专业设施的配置及使用情况,包括心理健康教育工作所需图书资料的配备情况等指标。

(四)心理健康教育工作的实际开展评估

主要包括心理健康教育课程的设置、教学计划、教学形式以及心理健康教育相关培训讲座开展情况;包括个体咨询、团体心理辅导、危机干预的具体开展情况;包括师生心理健康档案的建设及管理情况;包括心理健康教育宣传普及工作开展情况;包括心理健康教育相关科研情况等指标。

(五)心理健康教育工作的服务实效评估

主要包括心理健康教育的年度总结、专题总结、工作记录、工作特色与创新情况;工作成效与社会影响情况,包括师生基本心理素质和心理健康水平、学校整体心理氛围、师生对心理健康教育工作的接受和认可程度、社会评价等指标。

三、高职院校心理健康教育评估的方法确定

(一)资料查阅法

资料查阅法是评估者通过广泛查阅学校心理健康教育工作相关的各种文献类、影像类资料来获取信息的一种间接评估方法。资料涉及学校的年度工作计划、相关会议记录、工作总结以及具体心理健康教育工作所形成的各类工作记录,然后对比评估指标进行评定,这里需要指出的是使用这种方法必须首先要保证各种文献资料的真实性。

(二)现场观察法

现场观察法是评估者通过到心理健康教育工作场所进行全面观察获得

有效信息进行直接评价的一种方法。现场观察的对象包括心理健康教育场所地理位置、工作环境以及开展心理健康教育工作的各类办公、专业设施配备,还包括课程讲授、案例研讨、心理培训、宣传教育等各类心理健康教育工作过程等。

(三)问卷调查法

问卷调查法是评估者采用设计好的调查问卷对有代表性的师生心理健康现状以及师生对于学校心理健康教育工作开展的满意程度等信息进行收集整理进而开展对标评估的方法。该方法重点在于编制或筛选科学、规范、针对性强的调查问卷来获取尽可能多的正确评估信息。

(四)协商访谈法

协商访谈法是评估者随机选择学校各类工作人员(包括心理健康教育工作及管理者、辅导员、行政人员、专业教师等)以及学生以平等协商的方式进行深入谈话,全方位、多角度、深层次了解学校心理健康教育工作开展情况,是充分发挥学校各类角色的主体作用以及多元评价的优势获取信息的一种评估方法。该方法可以使评估者听到更多的声音,将自评与他评相结合,收集到更客观而有价值的信息,但同时也需要评估者具有较强的心理健康教育专业素质和较高的访谈技能。

(五)测量法

测量法来源于心理学中的心理测量,该方法以量表为特色,因此又常称为测验量表法。量表是测量的准绳,因而测量法的使用中量表的编制是极为关键的。通过近一个世纪的探究,国内外专家已经编制了不少量表,特别是心理测验量表。在评价心理健康教育效果,尤其是评价学生心理素质时可以参照使用这些量表。

四、高职院校心理健康教育工作评估标准的建设完善

根据当前我国高职院校的发展状况,要求提出体现高职院校心理健康教育未来发展方向的新的评估指标,同时借鉴国外一些先进的心理健康教育管理和评估经验,进一步完善和促进高职院校心理健康教育,完善评估标准,促进高职院校心理健康教育工作的发展。

（一）展望未来，体现高职院校心理健康教育的新发展

首先，各高职院校心理健康教育教师的专业背景有待进一步提升。在高职院校心理健康教育机构建立之初，国内培养的心理学专业人才还比较少，不少学校的心理健康教育教师由思想政治教育教师或管理人员兼任。随着国内心理学专业人才队伍的不断扩大，高职院校心理健康教育教师队伍力量有望进一步增强。

其次，加强心理咨询师队伍的再教育，不断提高心理咨询师的业务能力。心理咨询是一个需要深入来访学生内心世界的过程，它需要根据来访学生的情况灵活使用合适的咨询方法和技巧。心理咨询师必须定期接受新的继续教育和技术督导，一方面要接受新知识，以保持咨询技术的有效灵活应用；另一方面也要接受专业人员给予的个体心理成长和专业成长的辅导，不断提升自己的专业素养和业务能力。

（二）接轨国际，体现国际发展新趋势

国外的心理健康教育工作起步较早，借鉴其行之有效的管理经验将有助于我国高职院校心理健康教育的健康、规范发展。

首先，加强心理咨询的职业伦理建设。我国高职院校心理咨询师伦理学习大多来自大学中的专业学习或心理咨询师职业培训。在工作中，对伦理的践行大多本着自己的职业素养来进行，心理健康教育中心对该方面的强调和管理还较弱。其次，关注社会资源的利用与单位协作。国外的心理健康教育中心强调对社区资源的综合利用，包含对校内相关机构资源的整合和校外资源的整合。我国高职院校的心理健康教育中心要走资源整合和利用的综合渠道。一方面，高职院校心理健康教育中心要联合区域内中小学，走向深层次的大中小一体化，增强高职院校心理健康教育教师专业化发展对普教系统的辐射力和指导性。另一方面，高职院校心理健康教育中心要加强社会资源的整合。从心理健康教育服务到课题的研究都要整合相关的社会资源，包括精神卫生中心的专家、社会机构的心理咨询师以及社工等。要整合力量，加强高职院校心理健康教育服务，提升高职院校心理健康教育的科学化水平。

对于高职院校来说，当前应积极建立《高职院校心理健康教育工作评估标准》，明确高职院校心理健康教育工作各项评估指标，既重视心理咨询机构、设施设备等硬件建设，又重视制度规范、方案预案等软件建设；既重视大

学生心理咨询效果，又重视心理咨询过程以及心理咨询人员素质的不断提高。构建高职院校心理健康教育工作评估指标体系，要坚持引进与实际相结合，既充分借鉴欧美高校的先进经验和国内本科院校的典型做法，又坚持高职实际，将大学生心理健康教育工作与培养应用型高级技术型人才结合起来，服务于大学生的成长成才和高职和谐校园建设。

第二节 心理健康教育工作的激励

一、心理健康教育工作激励的作用和原则

(一)心理健康教育工作激励的作用

激励就是在尊重激励主体的基础上，通过多种外部诱因满足他们的正当需要，从而激活内驱力并导向和维系积极行为的过程。激励作为心理健康教育工作的重要保障条件，对提高学校心理健康教育工作的成效具有重要意义。提高学校心理健康教育的成效关键是如何有效激励学校心理健康工作者的积极性。激励着眼于激发人的潜能，充分发挥其主观能动性及工作热情，有助于工作绩效的提高。心理健康教育工作者，作为学生心理健康的教育者、维护者和促进者，工作任务复杂多样，在帮助学生的同时，还不可避免地要与学校的教师、管理者、教育行政管理部门的工作者、学生家长、学生生活的社区人员等接触，承受来自各方面的巨大压力。因此，如何激发他们的工作积极性和主动性，对提高高职院校心理健康教育的成效具有重要的作用。

(二)心理健康教育工作激励的原则

1.系统原则

系统原则把高职院校心理健康教育工作者看成一个需求层次有别的复杂系统，以整体思考的方法与工具认真分析各种影响需求的因素，深入研究，找出有效的激励方法，并使各种激励方法协调构成一个相对完善的激励体系。比如，物质需要的薪酬满足一直是高职院校教职工的主要激励因素；发展需要的满足要求高职院校为他们提供进修学习、攻读学位、学术交流等现实发展需要的平台和机会，这往往成为心理健康教育工作者的重要激励措施；通过技术职务晋升和评优表彰等满足心理健康教育工作者的地位、名

誉等尊重需要的激励；高职院校在教学、咨询、科研、社会服务及内部管理等方面为心理健康教育工作者提供形式多样的工作方式以发挥他们的特长，满足他们自我实现的成就需要的激励。

2.公平合理原则

公平是指无论是谁，只要有了合适的成绩或贡献，就可得到与之相适应的激励；合理是指对高职院校心理健康教育工作者工作绩效的测评方法科学，且测评结果符合本人实际。公平合理的激励制度正如奖酬的数量和形式一样，对人的动机强度和持久性均有着深远的影响。不公平不合理的激励制度不仅不能达到激励效果，反而会严重挫伤人的积极性。

3.互补性原则

互补性原则指运用对立统一的哲学思想，在设计某类激励方法的同时，还设计运用与之相对立的、相反的或相补充的其他类激励方法，以达到对激励系统的完善。如内在激励与外在激励结合、有形激励与无形激励结合、正式激励与非正式激励结合、正向激励与反向激励（惩罚）结合、个体激励与团体激励结合等。

4.持续改进原则

持续改进原则指随着时间的推移和环境的改变，以及心理健康教育工作者个体主导需求的变化，需不断改进和完善激励机制。因为在一定的时间和环境下，任何学校所设计的激励体系都必定有其相对的局限性，都会存在诸多不足和缺陷。因此，必须根据激励机制的实施所暴露出的各种问题以及新的现实不断纠正、调整和创新激励机制，以便使激励机制愈来愈成熟、有效。

二、心理健康教育工作激励的方式和途径

（一）心理健康教育工作激励的方式

1.物质激励

首先，要搞好基本建设，改善办学条件。其次，改善生活、福利待遇。这是又一较强的激励因素，它可以迅速、及时、有效地调动心理健康教育工作者的工作热情，也是使心理健康教育长期稳定的重要保证。要按文件和政策落实心理健康教育工作经费投入，解决心理健康教育工作应有的场所、设备、教育培训等相关问题，及时兑现心理健康教育工作岗位责任津贴，使心

理健康教育工作者工作起来安心舒心。

2.情感激励

心理健康教育工作队伍建设中的情感激励不仅包括领导的感召力，也包含心理健康教育工作者具体工作中情感融洽力的激励。高职院校主管部门应营造和谐的组织文化，增强心理健康教育工作者的归属感，避免心理健康教育工作者在高职院校中长期处于一种“边缘化”的状态，由于人们对心理健康教育工作缺乏认识、不够重视，导致心理健康教育工作者在高职院校得不到普遍的认同，其主体性得不到体现。需要重视高职院校心理健康教育工作者的人才价值，提升心理健康教育工作者在高职院校教育体系中的地位，实现其职业角色的重塑。

3.荣誉激励

有的高职院校出台《心理健康教育工作考核评比办法》，对心理健康工作考核的内容与标准、程序、结果及使用等做了明确规定。考核结果将作为心理健康教育工作者职务职称晋升、评选先进、津贴发放等的重要依据。有些高职院校给优秀心理健康教育工作者授予“心理健康教育工作先进个人”的荣誉称号，并进行通报表扬。

4.成长激励

帮助高职院校心理健康教育工作者明确个人职业发展的方向和路径，在当今中国，成为专家型的教师及心理咨询师，应该是高职院校心理健康教育工作者专业化发展的必然追求。因而要支持他们参加国内国际交流、考察和进修培训；鼓励心理健康教育工作者进行学术研究，积极撰写教学、管理、科研论文。

(二)高职院校心理健康教育工作激励的途径

1.建立心理健康教育师资队伍的激励机制

高职院校要充分调动心理健康教育师资队伍的主动性和积极性，重视这支队伍在大学生思想政治教育工作中的重要性，建立和完善相应的考核激励机制，激发全体心理健康教育教师的工作积极性，在各项政策、经费投入、职称评定等方面都要予以充分考虑，尽量减少该支队伍成员的行政事务，不能让这支队伍在没有开设心理学专业的高职院校边缘化，确保这支队伍能够专心开展大学生心理健康教育工作。同时,也可以激励班主任、辅导员、其他教师员工参与大学生心理健康教育工作,确保心理健康教育工作的成效。

要确保高职院校心理健康教育工作的有效运作,必须高度重视和准确定位心理咨询机构和专业心理咨询人员在心理健康教育工作中的地位和功能。学校应贯彻落实教育部有关大学生心理健康教育的意见和要求,加快建设学校心理咨询机构,落实专职从事心理健康教育工作的教师的编制问题,将"专职人员纳入相关专业或思想政治教育专业教师技术职务评聘序列,工作量参照专业教师的教学工作计算"。鼓励具有任职资格的其他人员充当兼职教师,并按学校有关规定计算工作量或给予报酬。同时,应积极开展对从事大学生心理健康教育工作的专、兼职教师的业务培训。通过培训,不断提高他们从事大学生心理健康教育工作的职业道德以及所必备的基本理论、专业知识和技能水平。

2.加大心理健康教育师资队伍经费投入

高职院校一般对学生心理健康教育活动经费的投入比较到位,但是,对师资队伍建设的经费投入较少,这导致专兼职心理教师参加培训学习的机会少。因此,学校要加大心理师资队伍建设的经费,大力支持教师参加专业培训、业务督导、到省内外兄弟院校进行交流学习。还要采取有效措施,通过学历教育、举办专题培训班和工作坊、召开交流会、开设网络课程、以老带青一对一帮扶等形式,加强专业知识、素质能力、职业道德等方面的培训,提升教师的综合素质和专业化水平,从而保障心理健康教育师资队伍的专业化建设。

3.完善心理健康教育师资队伍的职称评聘

《高等学校学生心理健康教育指导纲要》明确要求心理健康教育师资队伍原则上应纳入高校思想政治工作队伍管理,要落实职务(职称)评聘工作。设有教育学、心理学教学机构的高校,可同时纳入相应专业队伍管理。高职院校因开设教育学、心理学专业的学校较少,专职心理教师的职称因各学校人事制度不同而异,有教师系列、政工系列、研究员系列等。各高职院校应该从心理健康教育教师队伍的职业发展角度出发,职称评定应考虑专兼职心理教师开展心理健康教育工作的情况,完善这支队伍的职称评聘,确保这支队伍的结构稳定性。

4.进行内在激励与外在激励

这两种激励方式,尤其是内在激励。内在激励包括工作成就感、工作挑战性、职业认同感、专业进步和工作自主性;外在激励包括薪酬、工作环境、人际关系、认可和晋升。高职院校心理健康教育工作者作为知识型员工,内在激励显得尤为重要,尤其是自我实现的满足。内在因素则在很大程度上属于个人的内心活动,组织政策只能产生间接的影响。因此,要想最大程度地提高工作的绩效和教职工的工作积极性,需要领导和教职工双方的努力和配合,一方面,领导要制定科学合理公正的组织政策和制度,如薪酬制度、晋升制度等,充分发挥外在因素的激励作用;另一方面,教职工要保持积极乐观的心态,精神饱满地投入工作中,并不断自我提高和自我教育,主动地提高对本职工作的认同感,提高自己的专业水平,自主开展工作,在工作中勇于创新,这样才能达到最佳的效果。

参考文献

[1] 孙时进:《心理健康教育理论与方法研究》,华东理工大学出版社2010年版。

[2] 叶一舵:《现代学校心理健康教育研究》,开明出版社2003年版。

[3] 屈维彪:《高职院校学生工作实务》,光明日报出版社2017年版。

[4] 夏智伦:《高校心理健康教育操作实务》,高等教育出版社2013年版。

[5] 贾晓明:《高校心理咨询理论与实务》,北京理工大学出版社2018年版。

[6] 樊富珉:《结构式团体心理辅导与咨询应用实例》,高等教育出版社2015年版。

[7] 马喜亭,冯蓉:《辅导员应对大学生心理危机指导手册》,高等教育出版社2021年版。

[8] 冯海志,蓝滢:《大学生心理与辅导(高职高专版)》,华南理工大学出版社2008年版。

[9] 樊富珉,何瑾:《团体心理辅导》,华东师范大学出版社2010年版。

[10] 樊富珉,何瑾,贾烜:《辅导员团体心理辅导工作技能》,高等教育出版社2021年版。

[11] 高秀苹:《高校大学生心理健康教育工作体系建设探索》,载《现代交际》2017年第2期。

[12] 刘刚领:《论高校心理健康教育工作体系构建及实践途径》,载《黑龙江教育学院学报》2019年第9期。

[13] 刘萍萍:《系统观下的大学生心理健康教育工作体系的创新研究》,载《教育教学论坛》2020年第25期。

[14] 孙一方,马小惠,惠筱:《高校大学生心理健康教育工作模式的创新研究》,载《高教学刊》2016年第4期。

[15] 张博:《大学生"心理健康教育"课程教学与评价体系的思考——基于积极心理学视域》,载《科教文汇》2021年第2期。

[16] 戴萍:《全人教育理念下高职院校学生心理健康教育实践活动探

索》,载《安徽电子信息职业技术学院学报》2020年第6期。

[17] 曹承慧,严万森:《高校学生心理档案的建设与维护管理》,载《教育教学论坛》2021年第10期。

[18] 林赞歌:《新时期高校心理健康教育工作的途径与方法》,载《集美大学学报》2008年第10期。

[19] 王晶,赵贵臣:《高校学生心理健康教育活动的创新性探索》,载《教育教学论坛》2021年第18期。

[20] 符双:《高校大学生朋辈心理辅导队伍建设研究》,载《高教学刊》2016年第15期。

[21] 马艳秀,杨振斌,李焰:《构建中国高校心理健康教育评估指标体系的研究》,载《思想教育研究》2013年第3期。

[22] 王秀希,张丽娟,高玉红:《高校心理健康教育评估体系的初步构建》,载《邯郸学院学报》2012年第3期。

图书在版编目（CIP）数据

高职院校心理健康教育研究 / 冯琳玲，刘昌录，刘阳著. -- 湘潭 : 湘潭大学出版社，2024. 9. -- ISBN 978-7-5687-1601-7

Ⅰ. G444

中国国家版本馆 CIP 数据核字第 202424M6U8 号

高职院校心理健康教育研究

GAOZHI YUANXIAO XINLI JIANKANG JIAOYU YANJIU

冯琳玲 刘昌录 刘阳 著

责任编辑：刘文情
封面设计：张　波
出版发行：湘潭大学出版社
社　　址：湖南省湘潭大学工程训练大楼
电　　话：0731-58298960 0731-58298966（传真）
邮　　编：411105
网　　址：http://press.xtu.edu.cn/
印　　刷：长沙印通印刷有限公司
经　　销：湖南省新华书店
开　　本：710 mm×1000 mm 1/16
印　　张：12.75
字　　数：220 千字
版　　次：2024 年 9 月第 1 版
印　　次：2024 年 9 月第 1 次印刷
书　　号：ISBN 978-7-5687-1601-7
定　　价：60.00 元